百胜软件18年 企业信息化建设及商业智慧践行之道

百胜智库成立于2017年1月，前身百胜研究院。百胜智库专注于打造中国零售行业高端交流生态平台，致力于推动中国零售行业科技创新、引领商业发展未来，由来自零售品牌方、权威平台方、优秀服务商三方的业内专家、顾问及精英们组成的智囊团，以“总结行业先进实践、传承优秀实战经验、探索行业发展趋势、助力企业业务变革”为使命，通过沙龙、对话交流、世界咖啡、私董会、走进标杆企业交流、与知名研究机构及院校深度合作等形式，集合专家顾问们的权威意见，发布前沿理念趋势报告及书籍，提供专业咨询服务和人才，推动技术和商业创新，共同探讨及助力零售企业直面变革创新转型。

企业中台

成就智慧品牌

百胜智库·编著

ENTERPRISE PLATFORM

ACHIEVEMENT WISDOM BRAND

中国经济出版社
CHINA ECONOMIC PUBLISHING HOUSE
·北京·

图书在版编目（CIP）数据

企业中台，成就智慧品牌/百胜智库编著.
—北京：中国经济出版社，2019.1
ISBN 978-7-5136-5463-0

Ⅰ.①企… Ⅱ.①百… Ⅲ.①企业管理—销售管理—零售—研究
Ⅳ.①F274

中国版本图书馆 CIP 数据核字（2018）第 270353 号

责任编辑　孙晓霞
责任印制　马小宾
封面设计　任燕飞设计工作室

出版发行　中国经济出版社
印 刷 者　北京力信诚印刷有限公司
经 销 者　各地新华书店
开　　本　710mm×1000mm　1/16
印　　张　16
字　　数　220 千字
版　　次　2019 年 1 月第 1 版
印　　次　2019 年 6 月第 2 次
定　　价　49.80 元
广告经营许可证　京西工商广字第 8179 号

中国经济出版社　**网址** www.economyph.com　**社址** 北京市西城区百万庄北街 3 号　**邮编** 100037
本版图书如存在印装质量问题，请与本社发行中心联系调换（联系电话：010-68330607）

推荐序一

八年前，我第一次提出“百胜软件，成就智慧品牌”这个企业 Slogan 的时候，公司内部展开讨论：什么是“智慧品牌”？“智慧品牌”应该具备什么样的特质？“智慧品牌”是不是客户的终极目标？

想象一下，八年前的中国虽然淘宝电商已经如火如荼，但也只是淘品牌的天下。中国零售品牌刚刚开始接触电商，天猫商城还没有正式命名，双十一还没有形成气候。我们可以理解的“智慧品牌”就是电商品牌。“智慧品牌”最应该具备的特质就是人人认知和喜爱的线上线下同步的零售品牌，同时这个品牌也能深刻理解消费者并随时可以通过线上触达消费者。当然“智慧品牌”本身具有很大的想象空间，一定是客户所追求的大目标。

今天，新零售已经家喻户晓，智慧零售也是铺天盖地。打开手机新零售扑面而来，踏进商场智慧门店为你服务，我们身边的零售品牌都在用数字改造自己，用智慧武装自己。“智慧品牌”已经成为所有零售品牌的追求目标。

百胜软件专注零售行业企业信息化领域 18 年，经历了中国零售行业从传统零售到电子商务到新零售的连续变迁，我们的产品与技术也在不断升级，适应客户需求变化和零售行业发展趋势。2016 年末，马云在云栖大会上振臂一呼，中国从此进入新零售时代，企业信息化也从 ERP 时代跨入企业中台时代。企业中台是应用云计算、大数据、互联网架构技术，重构企业信息化体系和人货场全面数字化改造，以适应新零售时代下线上线下业务的高度融合和资源整合，并且通过大数据挖掘实现各种人工智能应用，让企业真正地智慧起来，让智慧品牌成为现实。百胜 E3 + 企业中台系统就是在这样的时代背景下诞生的，它是一款基于中国零售企业的全渠道中台管理系统，集成了百胜将近20年的知识积累和技术沉淀，投入了上百人的研发团队通过两年的时间打造而成，目前已经为不少国内品牌实施上线并投入使用，为这些企业提供强大的中台调度运营能力，加快新零售变革，实现品牌升级，成就智慧品牌。

本书由百胜软件旗下百胜智库的专家团队共同打造，由百胜智库的专业研究员历时一年精心撰写而成。期间因为市场的快速变化、中台产品和技术的不断迭代，书稿也经历了多次修正以适应最新资讯和技术动态。可以说，本书和百胜 E3 + 企业中台系统一样，凝聚了百胜软件工程师长期的技术沉淀和百胜智库专家对于企业中台的实践经验和深入思考。我们将书籍分为六个部分：1. 智慧——品牌的未来；2. 企业中台——智慧品牌的选择；3. 解构企业中台；4. 企业中台助力下的智慧零售；5. 企业中台项目成功要素；6. 企业中台最佳实践客户案例。通过以上六个部分，层层深入对企业中台进行剖析，你可以看到关于企业中台业务的核心价值和技术架构等内容的专业解读，也可以看到关于企业中台的成功落地案例。

今天，企业中台已经成为中国企业信息化发展道路上必须要架构的体系，而且刻不容缓。希望本书的出版可以帮助大家在构建企业中台和新零售商业模式创新过程中起到抛砖引玉的作用。同时也希望读者给我们提出不同的意见和建议，帮助我们不断改进认知和提升能力，为百胜的企业中台系统的升级迭代提供更好的支持。

谢谢大家！

黄 飞

百胜智库 理事长

百胜软件 董事长兼 CEO

2018 年 11 月于上海

推荐序二

新零售是为了提升消费者体验、商业运营效率和效益的大数据驱动端到端的全域高效商业连接！未来商业比拼的是智慧精准匹配和高效网络协同。新零售是以消费者体验为中心、大数据驱动的泛零售形态。它是以互联网为依托，多角色运用大数据、人工智能等先进技术手段，强化对消费者需求的洞察和链接，共同开创价值创造，从而对品牌、商品供应链、流通与全渠道销售过程进行升级改造，进而孵化和重塑业态结构与生态圈，并对线上线下服务和体验进行深度融合的零售新模式。

过去，我们的信息系统基本都是基于企业（2B）内部的系统，包括 POS、DRP、ERP、SRM、OA、KM、MES、PLM、FI、HRM 等，都是面向企业内部的管理系统，多是简单的事后事实记录，并没有面向消费者，也没有养成基于事实和数据优化决策的习惯，事实上建立了无数的相互割裂的垂直烟囱。最近几年，随着移动互联网的快速发展，大部分消费者已经在线。养成了网络购物的习惯，并且正在快速过渡到全网、全渠道、全场景购物。消费者期待的是一站式无缝体验，企业需要具备智慧感知、识别、洞察并且满足消费者需求的能力（2C），我们需要实现全程端到端的快速柔性供应链管理：全程可视化、智能预测、智能预警、智能铺货、智能补货、智能翻单、智能定价、智能促销、高效协同、快速柔性供应链；以 B 为中心的系统 + 以 C 为中心的系统 +

2B&2C 两者互通互连快速响应。通过 AI、IoT、生产过程在线化视频、云计算等赋能一线导购传递相关信息给消费者，整个供应链端到端可视化、可感知（建立强的信任关系和卓越的口碑），加强与消费者的连接与互动，提升消费者体验，助力于供应链时间缩短，加快物流运转速度与服务效率，最终推动资金流运转速度的提升。只有 2B 和 2C 无缝集成和打通，才能实现提升消费者体验、商业运营效率和效益。为此，我们必须建立好业务中台、数据中台和职能中台，全域全链路打通的数据，全生命周期的商品管理、全生命周期的会员管理、全网全渠道和零售管理，稳定的后台、强大的中台、轻量级快捷灵活的前台才能满足不断变化的市场需求。IT 时代是让自己变得更强大。DT 时代是让你的伙伴更强大，赋能他人，让利益相关者获益。先利他，先让伙伴受益。过去是靠信息不对称赚钱，未来比拼的是智能精准匹配和高效网络协同。在瞬息万变的时代，决定企业胜败的将会是决策的质量、效率和模式。

企业中台运用应用云计算、大数据、互联网高可用架构技术，重构企业现有全渠道业务系统体系，帮助企业迅速进入以消费者为核心（大数据支持精准极致体验）、智慧品牌引领、快速柔性供应链为支撑、线上线下全网全渠道融合的高效运营新时代。本书从多角度、多方面逐步展开，逐层揭开企业中台的面纱，为新时代下企业 DT 信息系统构建提供颇具价值的参考，值得一读！

肖利华

阿里巴巴集团副总裁

推荐序三

2008年的硅谷诞生了两个影响世界的产品，一个是被乔布斯重新定义的手机，另一个是被马斯克重新定义的汽车。这两款产品共性就是以数字化重新定义传统的产品，从此，数字化的思维犹如平地春雷，震醒了人类，引领我们进入了全新的数字化时代。

毋庸置疑，零售业属于传统行业。如何顺应数字化时代的发展，迎接数字化的挑战是全行业都在思考的重大战略问题。在上海有一家中国软件公司叫百胜软件，创始人黄飞敏锐地抓住了这一历史契机，早在2010年就结合中国零售行业发展的特点，创造性地提出了“智慧品牌”的概念。更在2017年成立了百胜智库，集合国内的权威平台、优秀服务商和杰出品牌方，总结行业先进实践，传承优秀实战经验，探索行业发展趋势，助力企业业务变革，为零售行业的数字化转型提供了交流发展的平台。

技术的发展是数字化转型的基础。智能手机的普及产生了海量的用户行为数据，应运而生的大数据技术对海量数据进行了有效处理。数字化转型为企业带来了无限的创新机会，各种新的应用层出不穷，云计算为快速部署和推广这些创新应用奠定了计算基础。海量的用户行为数据使我们有机会更深入和更准确地掌握市场脉搏，及时了解用户的个性化需求，从而更精准地服务用户。同时，人工智能技术的飞跃发展为相应的模型建立和决策带来了可能。百胜软件深刻领会，并掌握了数字化转型的关键点，整合互联网、云计算、大数据和人工智能等先进技术，巧妙地总结了公司 18 年来在零售行业积累的丰富经验，抽象出适用于零售行业不同业务的基础和通用模块，精心设计和打造了零售业务的中台，为零售行业的数字化转型提供了强大的平台。零售行业的公司可以与百胜软件合作，结合自己的业务，利用这个中台，快速地完成线上和线下资源的整合，提高效率，降低成本。对于我这样长期致力于研究企业和互联网架构的技术人，通过我与百胜软件的交流以及自己的观察与分析，得出这样结论：百胜的新零售中台不仅属于百胜，准确地说是专门为中国的零售行业打造的新零售业务核心引擎。有志于在新零售方面深耕的公司，通过集成百胜的中台系统，可以站在先驱者的肩膀上，快速形成自己的新零售能力。

通过与百胜胜斗士们的交流让我体会到百胜人对新零售转型的孜孜追求和精益求精不断进取的雄心壮志。中国在高铁、电商和电子支付方面已经在引领世界的发展，我相信在数字化时代，通过百胜人的努力，基于智慧的新零售发展也必将引领世界。数新零售的风流人物，还看今朝的百胜人！

陈　斌

易宝支付 CTO

前言

近两年来，我在与众多零售企业沟通的过程中，深深感受到企业主们求变而又焦虑的心情。虽然新零售、数字化转型已经成为业内普遍共识，不拥抱新零售，就只有被淘汰，然而，新零售的全面落地，依然有很长的路要走。

落地难，难在哪里？零售企业都在积极探索，努力程度可见一斑。但是，传统零售企业相较于领先的科技巨头们，在经营模式、管理模式、企业架构等方面显然是落后的。如何进行“人、货、场”重构，如何进行数字化转型，是百胜软件在成就客户的道路上一直在探索和实践的。

拥抱变化，是百胜软件的企业经营理念之一，在这个瞬息万变的时代，唯一不变的就是变化。只有学会在运动的地毯上跳舞的企业才能更快的接受变化、拥抱变化的企业，才能更快的跟上时代的步伐，脱颖而出，抢占先机。百胜软件也是本着这个理念，助力零售企业一起拥抱变化，立于不败之地。

针对零售行业企业信息化的难点和痛点，百胜软件于 2017 年 1 月正式成立百胜智库，旨在打造一个高端交流的生态平台。经过百胜智库专家顾问们一年多的研究，基于我们 18 年来服务零售行业企业信息化建设的宝贵经验，总结了不同行业的实战经验，写成了此书。这本书凝聚了百胜软件与走在数字化转型前列的零售企业共创的新零售转型的超前理念及成功案例，从如何落地的角度详细阐明了新零售转型的全路径，而不只是一个虚无缥缈的概念，是真真正正能够从实战的角度让你有所收获，指明新零售转型方向的参考书籍。

企业中台，解决的是企业信息化架构问题，相当于企业各项业务的指挥中心，构建企业高效的运营体系，支撑企业的各项业务功能不断的往前迭代，帮助企业适应新零售的趋势，为企业赋能，成就智慧品牌。

在接下来的日子里，百胜智库将继续不忘初心、砥砺前行，致力于推动中国零售行业科技创新和引领商业发展未来。希望这本书可以给在新零售的风潮中迷茫的人们有所启发，看到新零售的美好前景，抓住机遇，拥抱变化，智胜未来！

布连珍

百胜智库　秘书长

百胜软件高级副总裁

2018 年 11 月于上海

Contents

目录

第 2 部分　企业中台——智慧品牌的选择

第 3 部分　解构企业中台

第1部分

智慧——品牌的未来

1.1 智慧时代——从理论到实践

毫无疑问，我们正处在一个区别于传统零售的新时代。零售行业的从业者们或多或少都能感觉得到这个行业正在萌生新的生机，不同于实体为王的年代，也不似电商火箭般增长的状况。于是，关于这个新的时代，市场上开始有许多的词来形容它：新零售、无界零售……商界大佬，技术创新人，行业研究者纷纷都在对这个时代进行解读。无论用什么的词来描述，我们看到这个不同于以往的、更强调体验的、更有科技感的零售时代，背后离不开“智慧”二字，零售这门传统的生意正在被智能化，走向智慧时代。

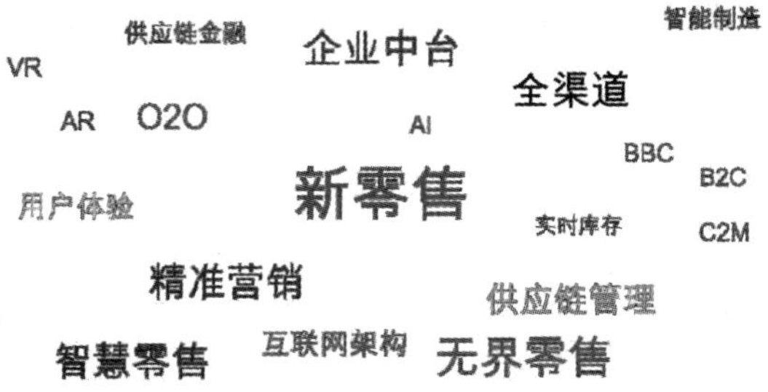

智慧零售的时代来临

1.1.1 智慧品牌实践爆炸

新兴的业态在崛起，盒马鲜生在智慧零售时代显然有着举足轻重的地位。盒马鲜生的横空出世，将“餐饮 + 超市”模式带入国内生鲜市场，其快速高效的供应链模式，瞬时占领了各大新闻板块，一时风头无

盒马鲜生

新零售业态的新生力量，依靠科技重构餐饮及零售产业链的电商。
逛吃逛吃逛吃逛吃逛吃逛吃……

新零售“盒马鲜生”

二，直至今日，仍然被当作新零售的典型代表。截至 2018 年 7 月底，盒马已在全国拥有 64 家门店，分布在 14 个城市里，服务超过 1000 万消费者。而在营业额和盈利能力方面，盒马 1.5 年以上的门店单店日均销售额超过 80 万元，单店坪效超过 5 万元，线上销售占比更是超过了 60%。

盒马鲜生和永辉的超级物种一样，重构了人、货、场，以消费者为中心，智能驱动，快速响应，突破空间，为零售企业践行新零售提供了方向和借鉴。盒马鲜生作为新零售的最佳实践代表，整合了餐饮、超市、菜市场，一年的坪效做到了普通生鲜、超市的 5 倍，一时成为零售行业竞相模仿的标杆，说白了，其实是整合了“互联网电商 + 智慧物流 + 传统零售”。半小时内，5 公里范围内免费配送，满足消费者线上线下、随时随地，任性的购物需求，真正做到以消费者为中心；另外，快速、智能、高效的供应链管理，做到了以品类分析，数据化运营；最后，基于移动互联网，最大化线下交易的场景，无空间限制，无时间要求，线下门店的互联网化，突破了传统零售的限制。

Amazon Go

天猫未来店

这一切向外界所呈现的，是新型业态区别于传统零售的快速发展。无人零售显然也迎来了“井喷”。便利蜂、Take go、猩便利等无人零售迎着风口而上，各出奇招，形成多种无人零售方案，效果各有不同，也不乏风口上坠落的。无人领域的研究已经稳步向前，资本的大量介入也为其带来了继续腾飞的能量。巨头们对无人零售也是热情高涨，Amazon Go 在试点之后宣布要大刀阔斧地走向复制拓展的道路；阿里的“天猫未来店”也在云栖大会与世人见面，从消费者进店开始，就能够全域记录消费者行为轨迹，即拿即走，离开门店后自动实现支付宝付款，切身让消费者体验无感支付，体验未来零售的可能性。

不仅是新兴业态，传统品牌企业也在变革重塑。百联、银泰、大润发、永辉……都在拥抱新零售，或是与互联网平台绑定，或是主动谋求转型。因此，如今消费者逛店也会有不同的体验，在线下随处可见的二维码，线上线下紧密联动，各种智能硬件在门店内相继出现……2018年，阿里巴巴集团宣布将利用新零售新技术，在首都北京新消费领域开展深入合作。阿里将利用大数据、云计算、人工智能等新科技在北京打造“新零售之城”。天猫新零售还将带动5000家北京传统商业店铺实现数字化转型，升级为“天猫智慧门店”，实现线上线下真正一体化。这一切都在传达着，不管是怕被时代抛弃的实体零售，还是历经寒冬的实体零售，都希冀着依托智能科技为品牌带来新的活力。

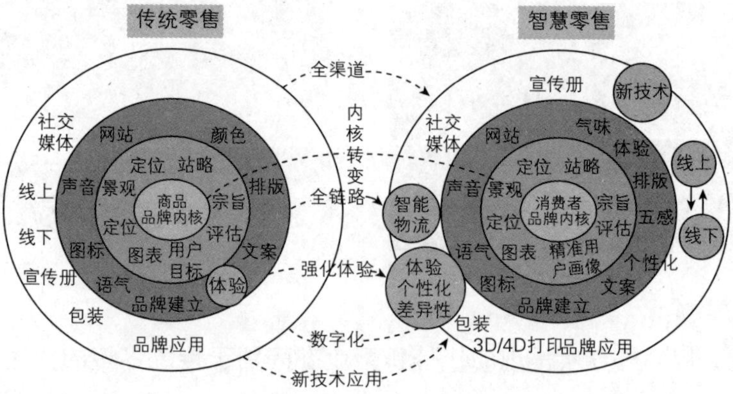

传统零售到智慧零售的演变

这一轮智慧零售的变革已经深入各个行业，从时尚领域到商超日化，无不在追赶智慧变革，为自己带来新颜——我们迎来了一个智慧品牌实践爆炸的时期。

1.1.2 以智为名——智慧时代的划时代特征

零售行业发展多年，为什么如今这么受关注，甚至于冠以“新”时代到来的说辞？显然，这个时代下催生的、重塑的品牌有着与以往明显不同的特性。

1.1.2.1 以消费者为中心

消费者走上了前所未有的高位。我们在谈零售变革时，无一例外地都会将其与消费者联系起来。或者说，每一次新零售的变革，背后一定有一个优化消费者体验的逻辑；每一个新零售故事，都是从消费者角度出发。生活方式集合店的快速崛起是为了迎合消费者多元化的一站式购物需求；线上线下全渠道的运营方式是为了满足消费者在各个渠道上体验一致性的需求；产品开始注重定制化是为了满足消费者个性化的需求……品牌的每一个举动背后似乎都能找到消费者动因。

这是一个区别于传统市场的新时代，卖方掌握完全的主动权，买方只能被动购买的时代早已结束。生产和营销很早就开始关注消费者，但是以消费者为中心的观念却没有真正从实践层面建立起来。大多数品牌喊着“顾客是上帝”的口号，但仍然从自身角度出发为消费者决定“应该想要什么”。这背后是时代的局限性在作祟。

今天的“以消费者为中心”，已不再是喊口号。一方面，品牌竞争的激烈，消费者多样性的加强，都在促使着品牌关注消费者动态，从品牌自身角度出发转变为从消费者需求出发。另一方面，智能技术的发展让品牌有触手能够触达到消费者，第一时间了解消费者需求，在每个环节上都能发现可以切入消费者的数字化手段。

首先，智能技术促进了多维触达消费者。以前我们是怎么触达消费者的？用纸媒、电视广告以期消费者在休闲娱乐的同时被映入眼帘的广告影响；传统门店的海报等待着消费者在逛街途中不小心看到而被吸引……现在移动互联网的普及让这种更高效的触达渠道进入到企业视线。技术的进一步发展让社交更发达，品牌的触达方式更多样，品牌可以做到无时无刻不在消费者身边，24 小时全天候守护。

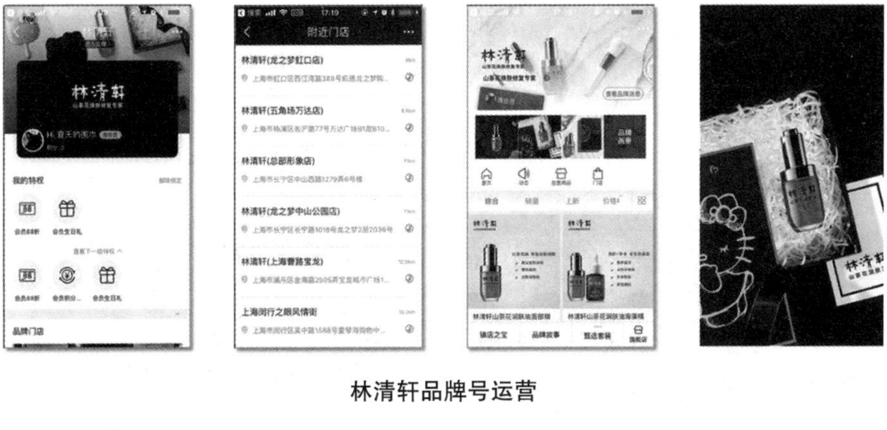

林清轩品牌号运营

其次，技术改造消费者了解方式。传统我们是怎么了解消费者的？一看，二问，三填表。看，就是凭借导购员的经验对进店消费者作出判断，并观察他的消费行为轨迹，这是一种经验论。问，也是基于导购员和消费者沟通，获取到一点相关信息，强依赖于导购技巧。填表，就是消费者成为会员的过程，基于标准化的简单信息搜集，建立会员档案，记录交易信息。智慧零售时代我们是怎么了解消费者的？线上线下全渠道的行为轨迹、消费交易数据可以判断出消费者清晰的用户画像。线上的不用说，线下的现在通过智能摄像头、智能试衣镜已经可以让线下消费者行为得到有效记录。更进一步的，结合平台大数据，能了解的是消费者方方面面的兴趣，从而进行精准推荐。而人体扫描、脚型测量等智能设备则精确地获取了消费者的身体数据，消费者自身都有可能对这些数据不是特别清楚，而现在品牌却能够清楚了解。

再次，技术优化消费者分析能力。曾经，对消费者的分析来源于一线人员的口述：最近顾客好像都比较喜欢这种风格；商品价格太高了，价格低了顾客就会买了……然而这些口诉带有非常强的主观因素且存在片面性等问题。而现在，技术的发展让大数据成为企业争相应用的热点，在拥有数据的基础上，人工智能技术可以帮助我们去分析消费者需求，形成有用的信息，并可以进行相关匹配，帮助决策。还有很重要的一点是，分析结果的可视化呈现也让品牌能明晰地看到消费者的诸多情况。

因此，在这个时代，品牌有必要也有条件能够真正做到以消费者为中心。

人脸识别

互动引流屏

1.1.2.2 全域触达

新一代的消费者是全域触达的消费者。品牌与新一代消费者的交互方式也要随之发生变化。精准地、即时地触达消费者成为关键。我们发现，消费者的触点太多了。社交、视频、购物、新闻、出行等各类 APP 充斥在消费者周围，生活中的各个环节似乎都能数字化，而传统的门店、户外、纸媒等触达方式也仍然存在。这是一个信息爆炸的时代，然而众多信息下的品牌是焦虑的，他们焦虑于自己的品牌被各种信息所淹没，焦虑于自己的信息轰炸会让消费者产生负面的情绪。信息渠道通达的消费者，显然对品牌的要求提升了，不能更便捷精准地触达到消费者的品牌很快会被消费者遗忘，被市场所淘汰。于是，品牌也向着“全域”的方向发展，没有品牌的销售渠道是单一的，没有品牌的营销渠道是单一的。

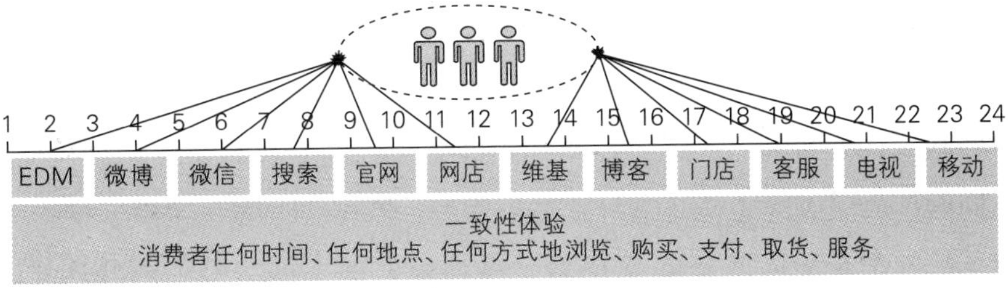

全域营销一致性

因此，我们看到在新零售时代的品牌都将触手扩散，不仅在实体门店中下足功夫，更会在微信、微博、抖音、小红书中崭露头角，在消费者生活中“刷存在感”，同时，这种全域触达不是追求广，而是追求精，在全域触达的体验中，希冀赢得消费者好感。

1.1.2.3　融合加剧

与传统零售相比，我们看到了更多融合的案例。一方面是线上线下的融合，线上品牌开始走到线下开店，实体零售开始不断开拓线上销售渠道，从而改变了原来的线上线下割裂的局面。截至 2018 年 9 月，淘宝心选已经在上海、杭州、温州开了三家门店；苏宁极物也在南京和西安开出三家门店；小红书的线下店落地上海大悦城；线上 IP“一条”则在中秋期间一口气在上海开出三家门店，将“别人家的生活”搬到了线下。这些在线上活得如鱼得水的品牌或是 IP 将目光放得更为长远，不满足于虚拟世界，而是纷纷在线下跑马圈地，或许这些门店在现阶段并不承担直接盈利的任务，但对于品牌来说，线上线下的互通共融能够对形象和消费者体验带来重要的作用。

淘宝心选

苏宁极物

另一方面，企业间的合作也不断加码。电商平台积极与实体零售大亨们联姻，大润发、永辉、银泰等实体背后已经是腾讯、阿里的天下，不同的产品品类间也能打造异业联盟组合。Zara、H&M、绫致、太平鸟旗下品牌都非常热衷于和 IP 融合，推出愤怒的小鸟、粉红豹以及可口可乐等联名款，受到消费者追捧。显然，单打独斗已经不适应新时代了，毕竟市场复杂程度与日俱增，企业不可能面面俱到，必然要走上合作共赢的道路。

太平鸟“粉红豹”主题

太平鸟“可口可乐”主题

1.1.2.4　场景化营销

星巴克在北京开了家甄选旗舰店。比起咖啡本身，大家似乎更愿意讨论这家新的旗舰店有什么新的场景。这家三层结构的星巴克每层各有主题，一层是咖啡的空间；二层是星巴克旗下高端茶品牌茶瓦纳（TEAVANA）空间，为了契合该层的茶主题，还引入了中式风格的藤背座椅；三层是特调酒类饮品专区。富于调性的咖啡吧台，各类咖啡器具，交错出现的星巴克周边产品，近距离观察比较咖啡冲煮过程的机会，还能够与咖啡师交流学习，这些形成了这家星巴克旗舰店的特色，让其区别于百米之外一家更重咖啡饮用的星巴克门店，更强化参与感。星巴克中国首席执行官王静瑛表示，北京坊旗舰店凝聚了星巴克在咖啡领域 47 年的专业经验和零售创新力，一系列独创、独有、独特的体验，将为中国顾客带来耳目一新的星巴克体验。

星巴克甄选

同样醉心打造场景的不仅仅有星巴克。诚品书店推出全台首家“诚品知味市集”，把生鲜品类引入到书店中。书与食物场景的结合，在这里有一个典型的应用：推出的食谱计划，将当季推荐食谱整理出来，消费者可自行挑选食谱，用棉线串起，自制成食谱书。同样，食谱里涉及的食材，都可以在这里一站式采购。

MUJI HOTEL 则是集酒店、餐厅与零售店铺于一体的综合体，设立 79 间客房，二三层则是餐厅、卖场，在这里能够体验到 7000 多种 MUJI 商品。无印良品社长松崎晓说，“开酒店是品牌发展到一定程度的必然经历，我们希望人们可以通过体验无印提供的 24 小时生活空间，去重新审视在旅行中度过的时间、使用的东西”。

MUJI 的生活方式酒店

不论是强调多重饮品体验的星巴克甄选旗舰店，还是将书与食物结合的诚品书店，或是 MUJI HOTEL 中布满自家产品的酒店，这些商业合作背后显然都有着打造场景的驱动因素。

场景化开始成为关注的重点，也是因为要更好地提升消费体验。购物已经不是唯一的目的，商品被回归到使用场景当中去，让消费者"所见即所得"，让商品更具象了，从而促进消费。

从这些新门店落地中可以看到，随着新时代的发展，会玩——成为衡量一家门店的重要指标。线下先天的体验属性在新零售时代被放大。场景变得多元化，门店不再仅仅作为卖货存在，而是承担了更多品牌形象的职能。

宜家白色放映厅

线上作为虚拟世界，是不是就难以场景化？当然不是。智能科技与内容运营加持的品牌也能在虚拟世界玩出多个场景。宜家在 2018 年 8 月推出的小程序家居快闪店就发挥所长，营造了场景化的触电玩法。在这个小程序中，选择了五个家庭常见场景的家居组合，通过文字、图片、视频将每个主题下的场景直观展现出来，例如“白色放映厅”这个场景是满足喜欢看电影星人的需求，包含靠垫、台灯、休闲毯等产品，营造纯白无干扰的观影氛围，使受众更深地感受到这种“把家变成放映厅”的氛围。

不论线上线下，场景化地代入，通过氛围影响消费者，促进更多的消费在新时代成为趋势。

1.1.2.5 跨界拓展

你能想象便利店和健身房的结合吗？全家的“FIT & GO”计划，就是从便利店一下子跨到健身领域。经营酒店的开始卖家居，经营家居的搞起了餐饮，品牌走向主营业务之外的领域已经稀松平常了，发展得好，副业也有成为另一个主业的可能。

全家的“FIT & GO”

其实品牌跨界背后的逻辑是非常容易理解的。品牌发展良好的情况下自然是想要拓展的，只是如今品牌的拓展方向也不仅仅是主营方向了。相当一部分品牌计划在主营品类之外进行拓展，究其原因，还是追随消费者变化导致。现代品牌有着鲜明的品牌定位，吸引了消费市场上的细分人群，为了品牌拓展，如果一味扩大定位的目标人群，自然不可长久，甚至可能丢失已有消费者，丧失品牌优势。而挖掘已有消费者的深层价值更为有利。认定品牌文化的消费者对于品牌延展而来的新品类有着先天的好感，因此当品牌围绕着消费者需求拓展出新品类时，更容易被消费者接受。

稍稍留意就能发现，购物中心似乎开始青睐集合店，对“逛”更有兴趣的消费者很难被单一品类的门店吸引了。我们曾提到的场景化营销异军突起，也是进一步推动了品牌跨界。在场景中，单品类难以支撑，因此我们看到服装、家居、书籍，甚至咖啡、轻餐都会在同一空间以统一风格出现在消费者面前。这种情况正在改变着零售业与品牌企业，生活方式的概念兴起。

集合店得到 Shopping Mall 的青睐

以生活方式作为实体零售的经营理念在日本更为成熟多见。大家熟知的无印良品就正在向全品类进击。在其被称为“世界旗舰店”的日本有乐町店中，将服装、日用品、文具图书、家居、电器、智能产品、生鲜、烘焙等融合在三层的空间中。尽管品类众多，但是整体风格仍是我们所熟悉的冷淡风，在品牌粉看来，似乎可以包揽他们生活的方方面面。

同样地，鸢屋书店也是为业界津津乐道的生活方式店。鸢屋书店通过电影、音乐、运动、教育和信息等为消费者打造生活方式，将书店塑造成场景式的。除了鸢屋书店，还开创了鸢屋家电，并且进驻了美发沙龙、绿植等。

随着国内实体零售的不断进阶，很多品牌开始把某一种生活方式作为自己的经营理念。如茵曼把慢生活的形象植入到品牌中，为此，大举进军线下店，在实体零售中除了主营女装外，还增加了家居、配饰、花茶等配套商品，营造文化氛围。

茑屋书店

这种生活方式的理念与以消费者为中心的理念是分不开的。对消费者的精细化运营是生活方式理念越来越受到追捧的原因之一。品牌市场竞争的激烈和消费者的多元化让品牌意识到覆盖全客群的困难，获客成本的提升让品牌更关注目标客群，牢牢抓住会员用户，提高品牌和会员直接地购买接触就变得更重要了。生活方式的概念，使得品牌涉猎面更广，消费者很多购买需求都能在同一品牌下完成。对现代消费者来说，购买的不仅是商品的使用价值，更多的是购买一种能够彰显个人价值观和态度的生活方式。通过多品类商品的组合，可以为品牌强化其想要塑造的形象。对消费者而言，找到自己喜欢的风格且能提供多品类商品的品牌，也能免去消费者试错品牌的成本，从而对该品牌的依赖更强。

如今，品牌之路已不仅仅只专注于熟悉的品类这一条，正在慢慢走向跨界发展之路。

网易严选 & 亚朵酒店

1.2 智慧品牌三板斧——快、准、稳

在这样一个智慧时代，催生了智慧品牌的出现。品牌势必要重塑自身能力以适应新时代的发展。

智慧品牌代表着以消费者体验为核心，以智能科技为手段，打造强适应、高效率的品牌企业。之所以要打造智慧品牌，是为了更好地服务消费者以消费者体验为核心，这是我们打造智慧品牌的目的。在提升消费者体验的过程中，我们有了更多的智能科技可以赋能，这是我们实现智慧品牌的手段。通过智能科技赋能，从而实现品牌更强的适应能力，能够在快速变化的消费市场中游刃有余，同时保证企业高效运营，提升品牌力，这是打造智慧品牌要达到的效果。

1.2.1 智慧品牌的推力与拉力

1.2.1.1 传统零售痛点呼吁智慧品牌出世

为什么我们需要智慧品牌？主要的原因是传统品牌运营中出现了问题。2018 年，据中国统计局综合司副司长毛盛勇表示，目前我国中等收入群体已超过 3 亿人，占全球中等收入群体的 30% 以上。3 亿人近已经接近美国人口的总数，而 2017 年美国社会消费品零售总额为 57564 亿美元，而中国仅有 366262 亿元。所以中国在 2018 年迎来了消费升级的时代。

粗放式管理。品牌管理在相当长的时间里都是粗放式的。品牌对商

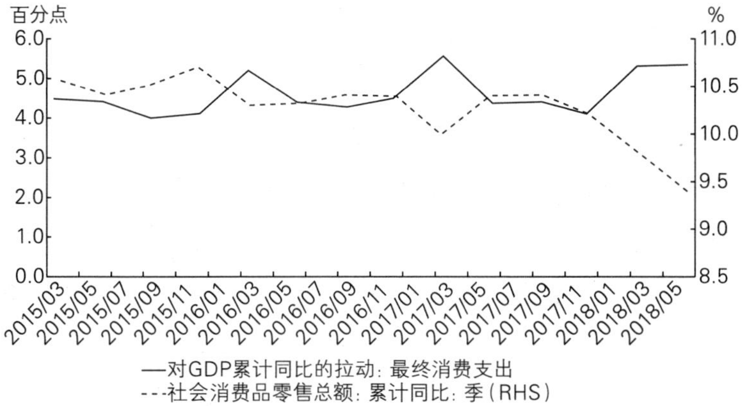

社会消费品零售总额与最终消费支出对 GDP 累计同比的拉动

品、会员的了解相对都是浅层次的。商品的实时销售情况，消费者对商品的反馈，会员的精细化信息，这些都是品牌原先难以获得的，因此，品牌只能在有限信息范围内做粗放式管理，以有限的数据对商品、消费者做分析。这样得出的结果通常难以精确到单品、个人。在过去的消费市场上，这样的运营方式或许是行得通的，因为物质还没有极大丰富，消费者的选择还是有限的，消费者的信息来源是少量的，消费者更可能接受品牌愿意推广给他们的。但是现在的市场环境变化了，消费者有了更多的选择，消费者对于个人的关注度更高了，粗放式的管理已经不适合现在的品牌管理。

密集劳动。传统零售中大量的工作都是依赖人力进行。对消费者的喜好记忆依赖于导购，各种商品信息依赖于导购的记录，同时一线工作人员还要进行循环的进货、找款、盘点工作……大量重复低效的劳动充斥在零售行业中，因此，零售行业才不断引入各项信息化措施，从而协助进行管理控制。

拍脑袋决策。传统零售中以经验论为主，选择设计生产何种商品、店铺选址在何处、门店的陈列安排应该如何……如此种种的问题大多依靠经验人员的判断，辅之以少量的调查统计。不难发现，传统零售缺少数据支持，大部分决策都是拍脑袋式的。

这些痛点的涌现让品牌开始思考如何用更智能的手段来精细化管理，来解放人力，来提升决策能力。

1.2.1.2 市场竞争让品牌不得不智慧

品牌对内有解决自身痛点的需求，对外有应对市场竞争的压力。电商的发展催生了一批线上品牌，线上的信息透明化也增加了消费者的选择性，守着自己的一亩三分地等待物理流量的品牌越来越困难。毫无疑问，市场竞争越发激烈，在这种环境下，如果品牌不能快速发展，跟上消费者的脚步，就很容易与竞争对手拉开距离，被市场所淘汰。为了避免这样的命运，品牌必须用智慧手段武装自己。

1.2.1.3 科技为智慧品牌创造了条件

这是一个新技术井喷的时代，在这个时代里，快速发展的新科技显然为品牌向智慧化方向发展创造了条件。许多科技从实验室走向了大众认知的领域。

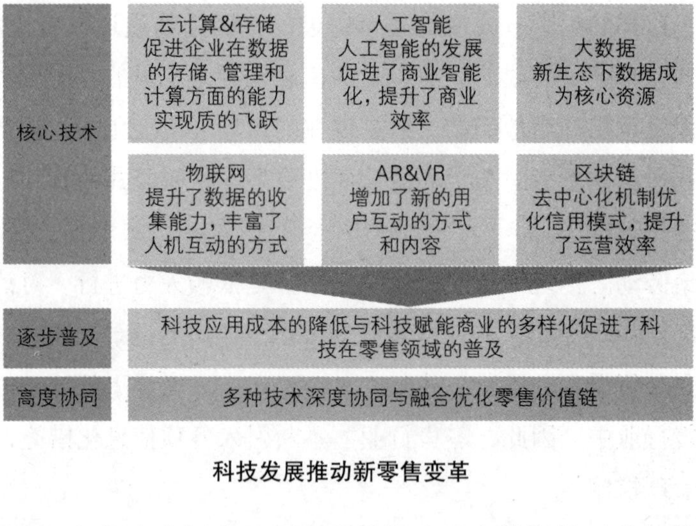

科技发展推动新零售变革

大数据。根据麦肯锡全球研究所的描述，大数据是一种规模大到在获取、存储、管理、分析方面大大超出了传统数据库软件工具能力范围的数据集合，具有海量的数据规模、快速的数据流转、多样的数据类型和价值密度低四大特征。大数据在零售中的应用领域颇多，从消费者洞察到品牌战略决策都能看到其身影。

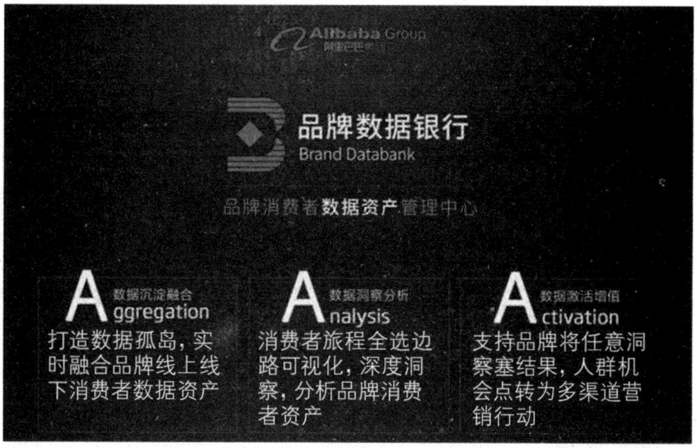

阿里巴巴数据银行赋能智慧零售

云计算。美国国家标准与技术研究院定义云计算是一种按使用量付费的模式，这种模式提供可用的、便捷的、按需的网络访问，进入可配置的计算资源共享池（资源包括网络、服务器、存储、应用软件、服务），这些资源能够被快速提供，只需投入很少的管理工作，或与服务供应商进行很少的交互。随着品牌企业业务量的增多、开放合作属性的增强，云计算在未来会承担更多业务能力。

云计算助力新零售

AI。尼尔逊教授描述人工智能是关于知识的学科——怎样表示知识以及怎样获得知识并使用知识的科学。人工智能结合大数据对品牌企业的运营决策能力带来质的提升。

智能导购机器人

AR。增强现实技术（Augmented Reality），是一种实时地计算摄影

AR 购物

机影像的位置及角度并加上相应图像、视频、3D 模型的技术，这种技术的目标是在屏幕上把虚拟世界套在现实世界并进行互动。AR 目前在门店游戏互动以及线上产品展示上多有应用。

VR。虚拟现实技术（Virtual Reality），是一种可以创建和体验虚拟世界的计算机仿真系统，它利用计算机生成一种模拟环境，是一种多源信息融合的、交互式的三维动态视景和实体行为的系统仿真使用户沉浸到该环境中。VR 通过一种虚拟沉浸式的方法能够在消费者购物的场景层面上带来与传统不同的感受。

VR 购物

物联网。物联网是 Internet of Things（IoT），即物物相连的互联网。在智能家居消费以及门店交互上，物联网彰显出自己的价值。

物联网

区块链。区块链技术是利用块链式数据结构来验证与存储数据、利用分布式节点共识算法来生成和更新数据、利用密码学的方式保证数据传输和访问的安全、利用由自动化脚本代码组成的智能合约来编程和操作数据的一种全新的分布式基础架构与计算方式。区块链去中心化的机制特征，在优化信用模式上可能产生帮助，提升商业效率。

区块链物流

这些高新科技的不断涌现，为品牌数字化赋能提供了可能性。当然，技术与商业的结合让这种可能性进一步落地。新时代的一个鲜明特征是巨头企业将技术研发能力看作是企业重要的核心竞争力，有相当多的预算投入到研发中。于是，技术能力开始在实验室中产生，同时更多地在企业中爆发。企业级的技术研究院在这个时代逐渐增多，自然，脱胎于以营利为根本目的的企业中的技术能力在相当大的程度上是要为商业服务的，因此如今大量的技术从研发时就已经具备一定的商业基因，加之企业的推动，技术商业化的落地较之以往更容易水到渠成。同时，传统零售中有相当多的不智能、非自动化的环节使科技介入的可能性更多，从而推动传统零售变革。

这种科技赋能在当下还伴随着更深的协同能力。随着零售理念的变化，越来越多的企业开始讲场景，而一个场景的打造，通常又是通过多方配合，不是单一依靠某一种技术去完成的。这在一定程度上促进了技术能力的交互、深入与创新。

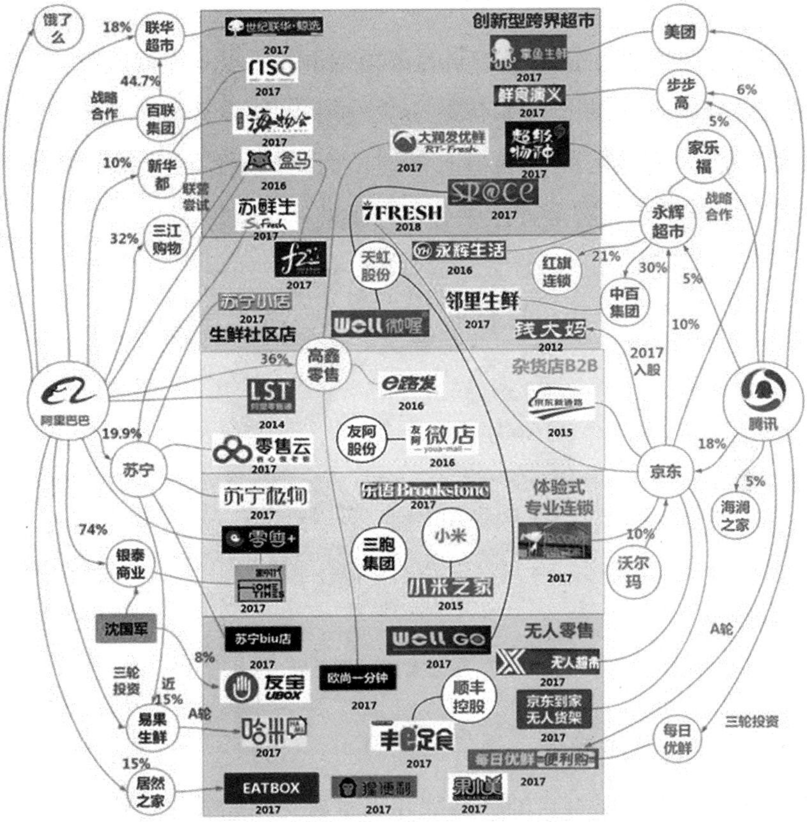

中国两大新零售格局

1.2.1.4　第三方介入加速智慧赋能智慧

技术能力的提升也少不了技术公司的协同落地。互联网平台和大量技术公司在新时代不断探索技术赋能商业方式。科技独角兽企业在市场上不断涌现，第三方技术公司在领域内深耕，品牌通过与第三方公司的合作，能够从其案例和技术能力中汲取营养，快速进入智慧时代。尤其是“人财俱全”的互联网平台逐步往线下发展，布局实体零售，不断提升品牌能力，在这场不见硝烟的线下争夺战中，平台期望重塑品牌能力，将互联网的智能化带给品牌。

1.2.2 智慧品牌的多维表现

传统零售痛点和新时代加剧的市场竞争催生了智慧品牌，科技发展与第三方技术公司的介入为智慧品牌发展提供了土壤。因此，在新时代，我们将“智慧品牌”的概念落地，而我们所谈的智慧品牌的“智慧性”，应当是在品牌全方位中有所体现的。

智慧理念重塑智慧品牌

1.2.2.1 智慧制造

传统品牌生产是盲目的，品牌和消费者之间隔着长长的经销代理商体系。品牌不知消费者是什么样子，消费者的诉求很难触达到品牌。这使得生产制造环节大多并非是从消费者需求出发，而是从品牌自身的臆想出发，产品生产出来滞销的风险增加。区别于传统方式，由于智能手段的提升，消费者能通过各种方式触达到品牌，微信、微博、电商、视频网站等平台都为品牌提供了和消费者触达的机会。智慧品牌能够和消费者产生沟通，从生产之初，就已经了解了什么是消费者真正想要的。通过这种方式，品牌能够真正从消费者端进行生产，而不是想当然地生产。

在制造效率上，智慧品牌也有更多的工具来帮助生产。我们看到越来越多的智能工厂，只有较少的人力参与其中，机器在许多流程化、标准化的生产过程中替代了人力，带来了高效。从而让符合消费者需求的产品更快地生产流转，不断产生新品，迎合变化迅速的新时代消费特性。

报喜鸟迈入工业 4.0 时代

1.2.2.2 智慧物流

仓储物流对于品牌来说越来越重要，无疑这是一个劳动密集型的领域，服务的速度和质量都有被不断优化的空间。尤其是对新一代消费者而言，是愿意为“速度”付费的一代，更快地将商品送到消费者手上自然是品牌所愿。

因此，在物流配送上，一方面我们看到无人仓、无人机、无人车等智能硬件纷纷切入，让物流管理更加智能化，更加高效。当商品量级达到一定程度，完全依靠人力无疑跟不上配送速度，对一些大型品牌来说，可能长期处于大量出货的状态，自然需要对仓库物流投入来提升效率。对于一些中小品牌来说，同样面临着大促时节的大量订单需求。因此，未来品牌都会不断寻求更好的智慧物流方案。另一方面，全渠道概念的全面深入，也为物流配送带来了不一样的体验。线上线下的全打通，让后台库存效率提升了。线上线下不再是割裂的两盘货，而是能够互通互融的库存，最大化库存效率。对于消费者来说，这也能加速消费者收货的时间。

菜鸟无人仓

1.2.2.3 智慧营销

五芳斋智慧餐厅

无差别式的营销时代已经过去了，品牌已经知道不能被动等待消费者看到广告，而是应该精准化地为消费者提供合适的商品推荐。智慧品牌能够做到的，便是能够在合适的时间，将合适的商品，推荐给合适的人。而智慧品牌在商品推送的内容上，更能依据消费者的喜好来设定，生硬的广告已经被摒弃，更多的是丰富而又易被消费者喜欢的内容营销。通过智慧营销方式，一方面提升营销活动转化率，另一方面也让消费者较少地受到无效广告的骚扰。

这背后显然离不开大数据与人工智能的推动。通过智慧营销的方式显然能够为品牌带来更可观的营销数据：杭州五芳斋集团在其体验店中接入智慧营销的能力，几个月测试后，客单提升了 35%，同时店员配备也减少了，为门店降低了成本，提升了收入。

1. 2. 2. 4　智慧终端

所谓终端，指的是能够接触到消费者的渠道方式，可能是门店，可能是 PC，可能是手机……零售终端切实承担了消费者体验的功能，更智慧的终端能够为消费者创造更多惊喜，带来更多便利，通过智能终端完成与消费者的更多互动。

智慧终端，能通过数字化、智能化手段嵌入零售终端，为消费者带来更好的体验。以这两年大热的“智慧门店”概念来说，不难发现，许多品牌都在搭建自己的智慧门店，更多智能设备的介入，更多零售数据的收集，形成从进店到离店转化的消费闭环。智能终端为消费者带来的是更好的体验，更无感化的内容。

谜秀智慧门店

1.2.2.5　智慧运营

运营是个很大的概念，运营的能力直接影响到品牌的生存，在长期的零售实践中，对于运营能力，品牌依赖经验远多于数据。而“智慧”地运营不再是粗放式的管理，而是精细化运营。在门店选址和选品上，能够依据大数据了解周边消费者画像，在经营分析上，能够对品牌进行竞争分析、销售分析、客流分析、动线分析及门店诊断等，为品牌沉淀适合的标准、可复制的经营方法，同样，在战略层面上，能够依据大数据进行预测分析。

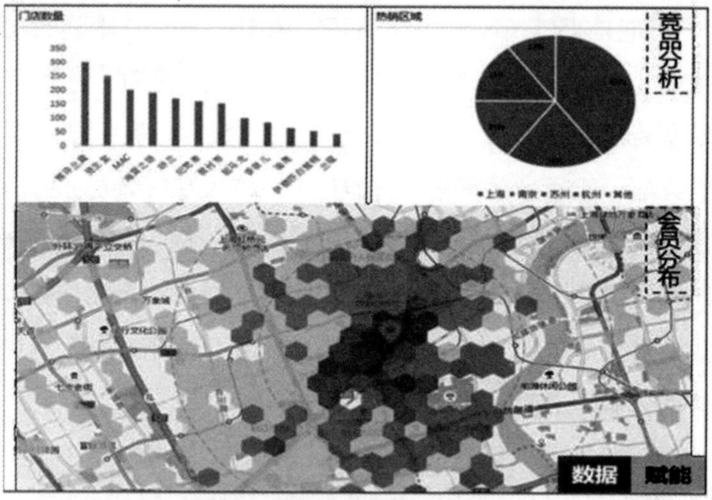

阿里地动仪

1.2.3　智慧品牌能力三板斧

为了打造制造、物流、营销、终端、运营全方位的智慧品牌，企业势必需要有能够支持智慧发展的能力，总结下来，智慧品牌需要具备“快、准、稳”三板斧。

1.2.3.1　快

天下武功，唯快不破。这一点在新零售时代有更深的体现。快速变化的消费者与市场正在倒逼品牌加快自己的步伐。

快速洞察能力

90 后、95 后、00 后快速崛起，在数字化时代成长起来的新消费群体显然与以往的消费者存在差异。消费者群体不再单一化，想要用一套产品卖给一群消费者已经成为过去式，消费者分层愈加明显，品牌要在细分市场中洞察自己消费者的特点。同时，消费者的购买动机也是多元化的。商品本身只是购买动机中比较重要的一个，服务、环境、品牌理念等都可能成为购买的理由。在这样复杂的消费环境下，品牌需要花更多精力去洞察消费者，了解消费者需求，而这种消费者需求却是多变的，流行成风，转瞬即逝，品牌如果不能快速、及时洞察消费者变化，很容易被市场所抛弃。

快速落地能力

能够快速洞察到市场变化就足够了吗？显然不是。仅仅能够洞察，如果不能迅速开展业务，快速落地，同样面临着被市场淘汰的危险。快时尚为什么能够异军突起？其快反供应链无疑是被大家津津乐道的，快时尚不仅是快速地洞察到市场的变化，设计生产出潮流产品，更重要的是快速的供应链，迅速让这些产品推向市场，将产品落地，面对消费者。

快速触达能力

研究表明，新一代的消费者愿意为速度买单。消费者可能因为配送时间无法确定而取消订单，也可能因为无法当场提货而放弃购物，而能够提供更快更精准时间配送的，他们愿意付出更多的费用。在埃森哲的一份聚焦 95 后消费群体的报告中指出，有 34% 的 95 后消费者希望当天到货，20% 希望半天到货，7% 期待 2 小时内到货。可见，新一代的消费者真的在速度上很“严格”。这意味着品牌要能快速触达消费者，谁能早一步到消费者的身边，谁就更可能得到消费者的青睐。

1.2.3.2 准

“准”意味着品牌要具备精准营销的能力。信息爆炸时代，消费者受到信息轰炸的概率陡然提升，无效、垃圾信息带给消费者的体验是极差的，直接影响消费者对品牌的观感，那是不是不要触达了？答案显然是否定的，这个时候怎么触达就变得重要，什么时间触达，用什么内容触达，触达哪些人，这些问题都需要企业交出一份消费者满意的答卷。

大数据能力

为了交出这样一份答卷，企业首先要具备大数据能力。

大数据能力是实现企业精准营销的必要条件。首先，企业需要具备数据收集能力，尽可能全面地了解消费者，这样才能得到完善的用户画像，做到知己知彼。其次，企业需要具备数据分析能力，能够提炼出有价值的信息，因人而异，推送合适的信息，从而提升转化率。

事实上，企业对大数据的重视可谓与日俱增，根据调研机构 IDC 公司预测，大数据和业务分析市场将从 2018 年的 1301 亿美元增长到 2020 年的 2030 多亿美元。从 New Vantage Partners 的“2017 年大数据高管调查报告”中发现，48. 4% 的高管表示公司已经通过大数据实现了可测量的收益，80. 7% 的高管认为公司的大数据投资是成功的，21% 的高管表示大数据对公司具有颠覆性的意义。

显然，只有具备大数据能力的企业才能在未来走得更为长远。

生态合作能力

谈到大数据能力，是否闭门研究自家数据就足够了呢？能够研究透自家数据自然是好的，但如果仅仅把眼光放在企业级数据上也是远远不够的。

调研显示，目前企业数据资源仍以内部数据为主。其实，对于每个企业来说，在日常的运营中都会产生或多或少的数据沉淀，尤其对于零售行业来说，面对着大量的消费者个体，在消费过程中，会产生海量的数据。然而，对于单个企业来说，这样的数据量毕竟还是有限的，一方面品牌的会员量有限，作为数据源的人太少。另一方面，品牌企业了解到的往往只是粗略的与品牌相关的消费情况，对于消费者的其他情况知之甚少。况且即便是基础数据，往往也会因为消费者在填写信息中的个人原因而出现偏差。

大数据时代不可局限，抱着企业已有的数据精细化分析固然能够有所提升，但数据池有限，真正的拓展应该看往更广阔的地方。从这个角度上，寻求平台数据就十分重要。一方面平台数据体量大。在国内，电商大平台占据了主要的市场份额，大多数消费者都具有网购经历，同样的，相关的消费者信息和消费轨迹就能在平台上体现。在国内线上线下高度融合的今天，这些平台同样有获取线下数据的技术和渠道。从平台的角度来说，由于汇集了多品牌，消费者的数据体量和单一品牌企业就不可同日而语。更重要的是，如今的消费者品牌忠诚度并不高，利用平台大数据获取更多的有效露出成为关键。

另一方面，平台数据维度多。在平台上，我们不仅能看到一些基础数据，例如性别，年龄等，同时一些复杂数据通常也能在平台上有所体现。由于国内电商平台已经开始全域覆盖，社交、文娱、出行等生活消费场景往往都与电商巨头有着或多或少的联结。也就是说，平台可能了解到消费者的旅行计划，消费者喜欢的偶像明星，消费者处于的人生阶段……而这些从单一品牌的购买中往往很难发现，只能通过平台大数据来窥见一二。这些数据常常能在精准营销上大放异彩，品牌能够结合这些消费者状态推送合适的商品，促进销售。

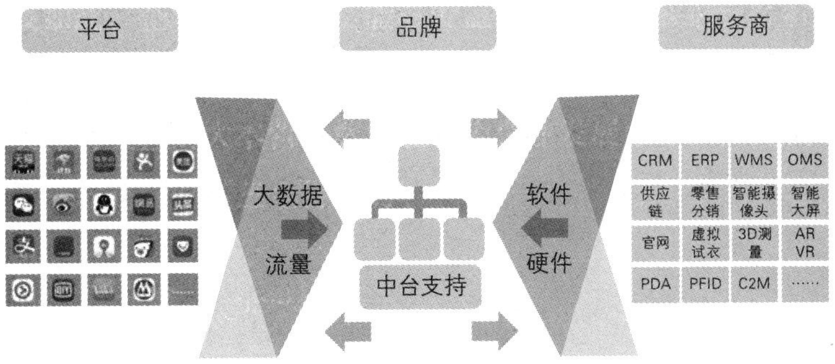

基于中台构建第三方生态

既然平台数据如此重要，对企业来说，建立生态合作能力就显得十分必要了。未来企业面临的是一个多元化、多渠道的社会，和各个平台间建立良好的关系，构建良性生态是企业的必然。

1.2.3.3　稳

企业经营者应该都不希望过上提心吊胆、如过山车般的日子，保证企业稳步运行也是企业经营者的职责之一。而在爆发式增长、多样化发展的新零售时代，想要“稳”是越来越难了。

高效处理能力

互联网时代的超强连接能力为人所共知，实体门店基于地理位置能够辐射的范围是有限的，而互联网通过虚拟的方式辐射的人群与实体时代完全不在一个量级。同时，电商发展也催生出了“爆品经济”，单款产品能够引发全民购买热潮，甚至占领企业过半的收入来源。另外，营销大促时节的全民狂欢，都导致了企业系统大迸发的可能，这需要能够高效处理数据的能力，防止系统崩溃。

模块化处理能力

对“稳”的要求不仅体现在系统大迸发时的处理上，还体现在对快速变化前端的适应上。前端的快速变化要求企业能够快速跟上，但这种快速如果是疲于奔命的，拆东墙补西墙式的，就不可取。有能力的企业应当在上线新业务时能够保证其他业务平稳运行，能够将业务模块化，保证各业务线高效同步运行。

对品牌未来而言，塑造“快、准、稳”的三板斧能力既是新零售时代对企业的必然要求，也是企业为未来谋划必须掌握的能力。那么，企业如何打造“快、准、稳”的三板斧能力？中台在其中扮演着重要角色。

第2部分
企业中台——智慧品牌的选择

>>>>

未来是智慧品牌的天下，传统信息系统已经无法支持“快、准、稳”的智慧品牌能力需求，品牌需要一个智慧的技术软件，以提升品牌能力。在此背景下，中台应运而生，成为企业信息系统的中心环节，也是企业打造智慧品牌的关键所在。

2.1 中台究竟为何物

谈到中台，就要提到一家互联网企业：阿里巴巴——企业中台的践行者和推动者。2015年，阿里巴巴从自身业务发展考虑，把中台战略作为集团性的战略应用。这套架构应用在市场上取得一定成绩后，阿里巴巴又积极推广这一套体系，使得中台理念逐步在行业中深入开来。

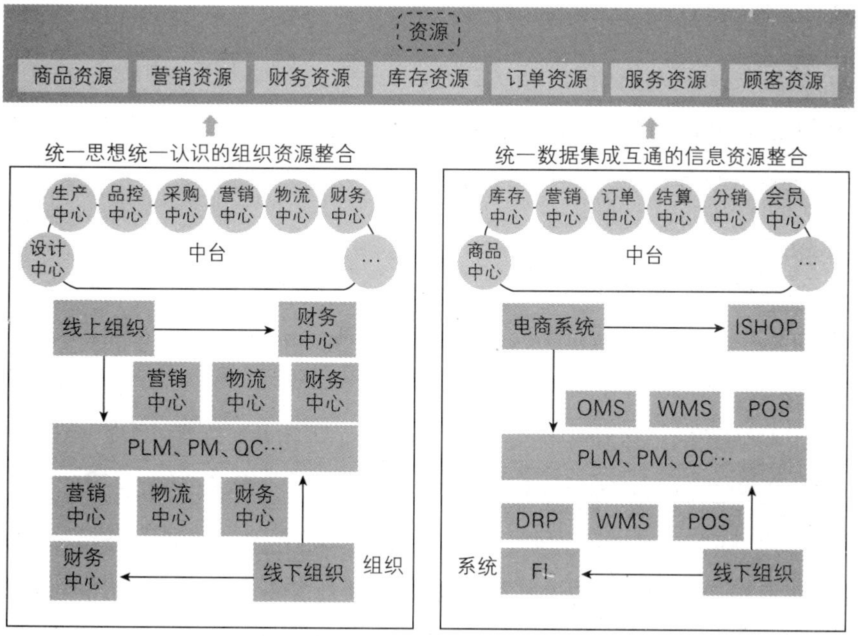

企业中台的思想、组织、系统升级

关于企业中台的定义，市场上没有统一的说法，各方都有自己的解读。阿里巴巴 Aliware 团队关于企业中台是这么描述的："企业中台由业务中台和数据中台构建起数据闭环的运营体系，实现以数字化资产的形态构建企业核心差异化竞争力。"

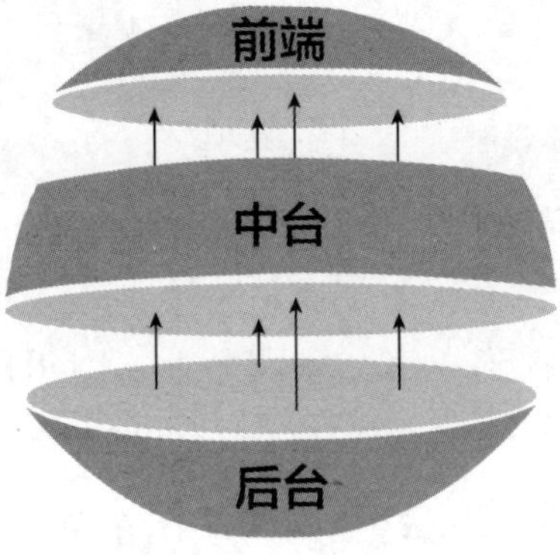

中台链接前端后端

从中台所处的位置来看，中台是位于前台和后台之间的信息系统。所谓前台，指的是触达消费者层，例如品牌官网、电商平台、移动电商等。而后台则是流程相对标准化的支持系统，例如 ERP、财务系统。中台处于前台和后台之间，连接前后台，整合前后台系统的能力与数据，模块化共享服务，统一标准数据，提供更强有力的服务。

企业中台在前后台之间建立了连接，看似对企业来说增加了系统应用，实则承担了企业系统内部的打通工作，实现多个前台系统和多个后台系统的高效互通，保证数据访问的高性能、一致性、时效性。

一句话概括：企业中台是应用云计算、大数据、互联网高可用架构技术，重构企业现有全渠道业务系统体系，在提供全渠道一体化的库存、订单、会员、物流等运营管理能力的基础上，为企业业务转型和拓展新业务提供快速落地的能力，加速企业数字化转型，提升企业创新效率。

2.2 企业中台于智慧品牌的重要性

企业中台对于塑造智慧品牌来说是重要的，背后有着历史与未来因素的推动。新时代背景下，传统信息化建设面临着“不快、不准、不稳”的痛点，与智慧品牌所要求的“快、准、稳”呈明显对比。在历史与未来因素的推动下，品牌信息系统重塑势在必行。

企业中台完全匹配新时代下企业信息系统重塑要求，为品牌适应未来零售数字化、智能化特点提供强有力的支持和保障。

2.2.1 面向历史：新零售时代，传统信息化的痛点被放大

实体零售时代，纵然传统信息化建设痛点重重，但或许还能痛并前进着；新零售时代，这些痛点被放大，并以指数级的增长速度暴露在业务层面上。

2.2.1.1 不快——复杂系统环境导致业务拖延

在品牌企业的发展过程中，新型业务的扩展对应的往往是一套新型信息化系统的采买，久而久之，一个企业里甚至可能出现几十个系统共同运作的情况。系统之间的接口、异构系统之间的集成让信息部门系统管理的难度、复杂度大大增加。此外，新系统的上线或某一套系统的升级，都需要重新或者部分改造与其他 N 个异构系统的对接。信息部门往往需要对大量的接口逻辑及说明文档进行重新梳理，对原有功能体系进行重复搭建，工作量巨大。业务部门对于信息化的感知“慢”，信息

系统对业务快速的变化支持力度薄弱。

另一种是基于原有业务的变革，随着互联网的飞速发展与企业精益化、数据化管理的业务诉求，原有系统往往被单一品牌客户深入改造，改造的方式不仅局限于代码层面及外挂等方式。在这种模式下，原有系统面临着的不仅是数据量的增加，也有对原有系统信息化架构的挑战。打个比方，当年风靡全球的诺基亚手机，如果需要支撑目前的手淘、支付宝、微信、钉钉、点评等多个系统，在手机硬件不进行升级的前提下，手机基本上就会实时报废。某些情况下，信息部门为了解决性能问题，而又只能基于该板块业务进行新系统的搭建，这往往是一种重复性建设，会对信息部人员的精力、品牌财力造成浪费，更重要的是，会对业务部门的机会成本与应变能力造成影响。

基于精益化管理的业务诉求，企业这几年很多自动化的业务管理诉求，被信息部采用数据建模或者 BI 的方式做了大量的接口获取数据，再通过大量的接口定制来推送内容，而读写压力又被各个系统吸收，造成系统运行缓慢。

另外，还可能是因为原有系统框架设计得非高并发支撑、语言老旧、技术更新不及时、系统个性化太多、成品软件产品无法升级等原因，在应对突然爆发的互联网式业务诉求以及个性化业务需求等方面也让系统快不起来。

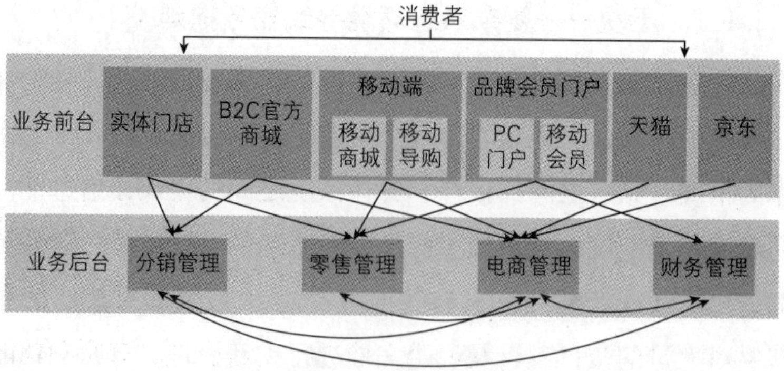

烟囱式信息化系统

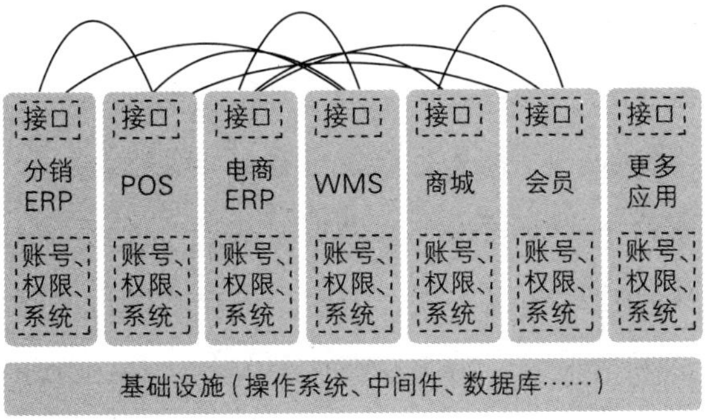

零售企业 IT 应用痛点——两两对接、变动困难

新零售时代下，时间即机会成本，占得先机者才能享受到红利。零售行业发展速度非常快，面对高速的业务发展，品牌企业如果不能进行灵活的业务流程处理，没有动态多变的组织架构，在复杂的系统环境下难以快速跟上，就很可能失去先机。

2. 2. 1. 2　不准——数据异构导致无法精准运营

对数据的精细化应用在今天应当算是时代的共识。但是在传统的 IT 系统内，一方面缺乏有效的数据采集源，数据的实时性和多维度都难以保证。另一方面，大多系统只是对管理和信息进行控制，对数据的有效管理和分析利用方面尤其薄弱。

并且，由于不同系统、不同模块间构建标准的不统一，导致数据标准不统一，使得这些数据间存在“信息孤岛”问题。系统间差异大，数据标准不一的问题使得企业在数据整合分析上存在大量的重复劳动。

通过对大量客户现场的观察，我们感知到，品牌企业针对门店端的数据收集及时性存在很大困难，一方面是业务部门操作习惯未能养成，一个订单下来店员可能会在 7 天甚至月底才会录入，以盘点为最后录入时间；另一方面，多年前，门店网络代价高，导致系统基于离线体系部署，企业形成了前端数据不及时不紧要的习惯，离线数据必须到某一特定时间才会提交总部。以上原因导致现状数据汇集不及时，企业能在当天汇集到前一天的数据已经相当不容易。

而正是由于此类传统信息系统建设在数据方面的薄弱管控及建设，使得品牌缺乏有效数据支持，企业难以进行精准运营。

2.2.1.3 不稳——系统性能弱导致易崩溃

传统信息系统架构在面临大并发情况下无法支撑短时间大量信息涌入，易造成系统崩溃的情况出现，这对品牌企业发展的影响显然是巨大的。尤其是大并发情况最容易出现在大促时节，加之互联网时代的发展加剧了集中购物的情况，因此，对于许多大体量的品牌来说，每到大促时节，企业信息系统面临的压力是巨大的。这也就造成了这样一种现象：许多企业最喜欢的是大促时节，最害怕的也是大促时节。

伴随着更快速的业务、更精细化的运营时代的到来，这些痛点在新零售市场越发变得让企业难以忍耐。或许你现在还没有被系统弄得焦头烂额，但是，随着企业的拓展及新业务的深入，这些痛点会如针刺般日日折磨着企业，如鲠在喉，如芒在背。或许一时可以忍受，但终究会导致企业在折磨中走向崩溃。

2.2.2 面向未来：拥抱智慧时代离不开中台支持

历史遗留的问题要解决，品牌也要考虑更长远的企业发展。有前瞻性的企业已经早早切入中台体系，为企业的未来做准备。

2.2.2.1 全渠道业务支持

全渠道构建之前，总部仅能了解到达经销商的信息，至于到终端消费者的信息，究竟卖给了谁，总部就知之甚少，反倒成了并不真正了解品牌用户的人。全渠道构建之后，品牌逐步实现商品通、会员通、服务通，大数据汇集到品牌系统，总部可以在系统后台了解到客户信息，依此构建用户画像，什么样的人群喜欢什么样的风格，从而指导设计，进行精准营销。

线上线下商品、会员、服务割裂的情况下，消费者享受不到一致性的体验，给消费者带来不好的感受。随着零售行业的发展，越来越多的企业认识到要从消费者出发，满足消费者在全渠道背景下更有效率的需求。显然，全渠道在当下已经成为企业的共识。

中台的出现显然与全渠道的发展关系密切。要想做到全渠道，互通互融是关键所在。随着全渠道业务的深入，线上线下两套体系导致无法真正开展全渠道业务，这时候就需要企业有系统地整合线上线下业务系统。企业中台应运而生，连接前端与后台。没有中台支撑，企业线上和线下业务分庭抗礼，各个模块的业务互不干扰，不能集中优势能力，更加不能服务复用。

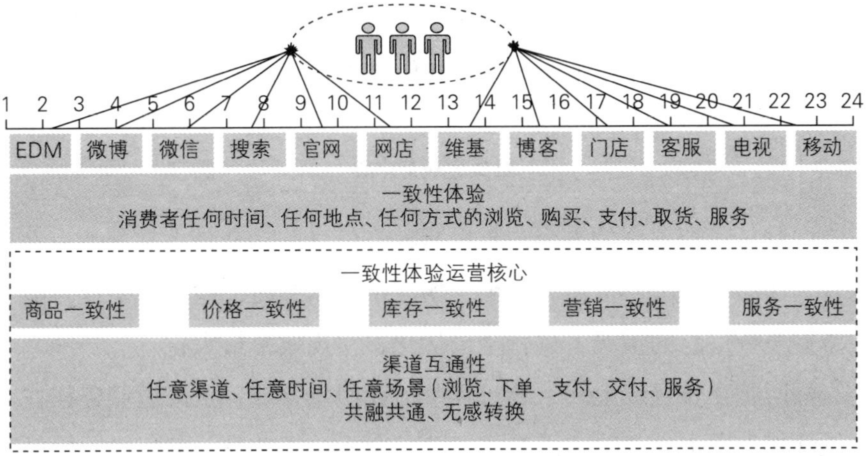

全渠道业务需要企业中台的支撑

事实上，中台关注的是全局思考。在没有中台的情况下，渠道间的割裂导致了效率的低下，各个渠道都从自身利益最大化角度考虑，然而个体利益的最大化往往并不能带来整体利益的最大化。假设有两个渠道商，每个渠道商都希望有更多的库存来保证销售，但不同渠道间的销售会存在商品结构问题。常常会出现的状况是，渠道商 A 有商品 a，渠道商 B 有商品 b，但渠道商 A 可能遇到了想要商品 b 的消费者，这时候如果向渠道商 B 调货，一种可能是渠道商 A 可能根本不知道 B 处有货，因为商品库存不通。另一种可能是渠道商 A 了解到 B 处有库存，历经千辛万苦也和 B 沟通上了，可是 B 出于自身利益考虑不愿意调货给 A，毕竟货品在手上，就有销售出去的可能。在这种情况，渠道商 A 大概率会流失顾客。其实 B 的选择也是站在自身利益最大化的前提下，但是这样却造成了品牌客户流失，商品周转率下降的情况。

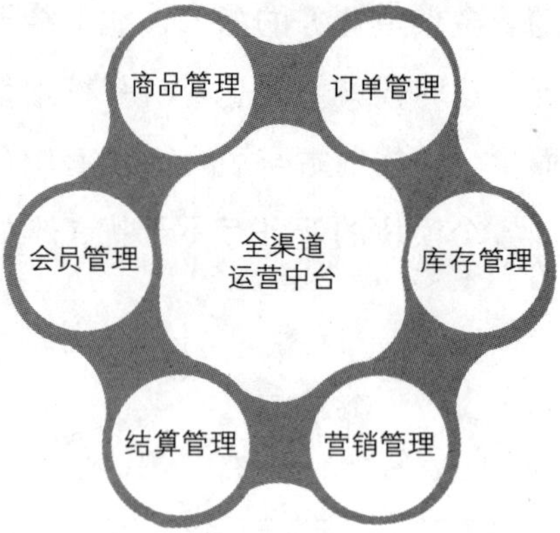

全渠道业务中心

中台是一个整合的平台，不仅是各方信息的融合，也是各类信息的综合，商品、订单、价格、促销等均在中台体系内，这样，中台才能够在掌握充分信息的情况下进行全局优化，实现效率最大化。

同时，在整合线上线下的过程中，我们也发现，全渠道业务往往对系统性能的要求更高。大量的线上订单介入，复杂的业务环境，提升数据的处理能力，需要强大的中台能力来支撑。

2.2.2.2　洞察市场支持

未来的零售市场将是更加变幻莫测的，所以越了解消费者的品牌越能在市场上立足。为了做到这一点，洞察消费者就显得至关重要。

洞察消费者依靠什么？自然不能像以往那样赁个人经验论。诚然，个人经验在有些实践中发挥了作用，但这种作用存在高风险，失败的概率也是极大的，在没有实时、统一、有效的数据支撑时，经验论确实被放在高位上。但现在，通过企业中台整合，品牌对消费数据的掌握能力大大提升，这个时候就能够基于大量、准确、实时的数据来洞察市场动态，甚至预测市场发展。

通过新兴科技来更深刻地理解用户，理解企业的业务运营，通过大数据和人工智能的手段，实现更精准的营销、更高效的服务。

2.2.2.3 多元化场景支持

美国“现代营销学之父”菲利普·科特勒说，营销是创造和满足需求，那么场景化营销就是构建一个情景触发消费者的需求并满足他。在新零售时代，“场景”更是成为高频词汇。究其原因，场景化展示能够将消费环境与使用环境结合起来。在特定场景下，消费者更能想象出自己使用产品时的图景。不仅如此，通过场景营造出的生活态度，能让消费者有更强的代入感，将产品与自己的理想状态建立连接。

此时，商品不再是单一的、堆砌化的实体售卖，而是有了更多存在的可能。可能存在于酒店房间的空间中，存在于给你“种草”的软文中，存在于你看的视频电视中，存在于魔性的短视频中……而未来，这样多元化的场景将只增不减。

这对未来品牌意味着什么？意味着品牌要和更多的场景产生连接，而前端的变化将非常迅速。如今我们看到抖音的崛起，网红店的兴起，无不是在短时间内迅速占领消费者心智。而消费者的注意力也在不断谋求新的刺激，场景的变化就变得重要，在这样的环境下，如果企业没有一套行之有效的中台统筹，就很难适应在不同场景下的切换以及在不同平台间的管理。

2.2.2.4 品牌拓展支持

品牌有没有发展壮大的愿景？答案是显然的。

处在发展中的企业，业务量会不断增长，对于系统性能的要求也会不断提高。尤其是在新零售时代，这种增长可能是爆炸式的。互联网时代的信息传播速度极快，且覆盖面极广，可能在短时间内有大量流量引入，使得业务发展迅速，不少网红品牌因此诞生。这个时候需要的是强性能系统为企业发展保驾护航。

同时，有想法的企业也不局限在初始品类中。为了和消费者建立更密切的关系，全方位塑造品牌形象，跨界成为品牌开疆拓土的手段之一。Zara、H&M、江南布衣、Kappa、westlink 等都纷纷跨界品类，在服装领域之外，进军家居，以同样用户画像的人群作为目标群体，但更加深入到其日常生活。我们发现，未来生活方式集合店成为消费市场新宠。而催生集合店模式的背后逻辑也是很容易理解的：随着获客成本的提高，品牌需要挖掘单客价值，单客经济必然是以人为本的，这与新零售时代以消费者体验为中心的内核不谋而合。一个典型女性消费者的基本需求可能会是合适的女装，但随着其伴侣的出现，就可能会延伸其购买男装的需求，进一步地，有了宝宝，就会购买母婴产品。家庭的出现也让家居品成为购买的商品之一，那么从挖掘单客价值的角度，随着消费者对不同品类的需求，不断延伸出新的产品，以满足消费者一站式购物。

跨界拓展看似简单，实则背后对品牌的要求极高。业务层面上，品牌必须具备跨界生产的能力。但品牌能够生产就代表着能够跑通流程，迈向市场吗？不是。不同品类间在商品属性、促销玩法等方面有着诸多不同，在系统设计上也有不同，因此传统信息化系统多少会带上行业属性，这时品牌要跨界拓展，原有系统不能很好支持，面临着重新选型，不同品类使用不同系统的问题。但当品牌需要开展集合店业务时，又要在不同系统间打通调取数据，徒增许多麻烦。

品牌拓展还伴生了多组织的可能性，企业版图的扩大可能产生不同的核算主体，不同主体之间有区别也有联系。中台系统能够支持跨组织间的业务。

智慧零售时代是一个无限可能的时代，未来将会有更多品牌走向多品类跨界之路，以消费者为中心，为他们提供个性化生活方式的商品解决方案。当然，对品牌来说，这也意味着，需要有更加适应全行业特性的系统支持，能够在品牌开疆拓土的道路上，支持多品类的玩法，快速对接到新的业务模块，保证多品类业务平稳并行。

2.2.2.5　开放合作支持

显然，未来的智慧品牌是复杂的，这种复杂同样意味着品牌不再是单打独斗地生存了。市场的专业化分工与多样性玩法让品牌不可能也没有必要样样精通，在合适的时候找到合适的合作伙伴去共同推进新零售，这才是未来生存之道。

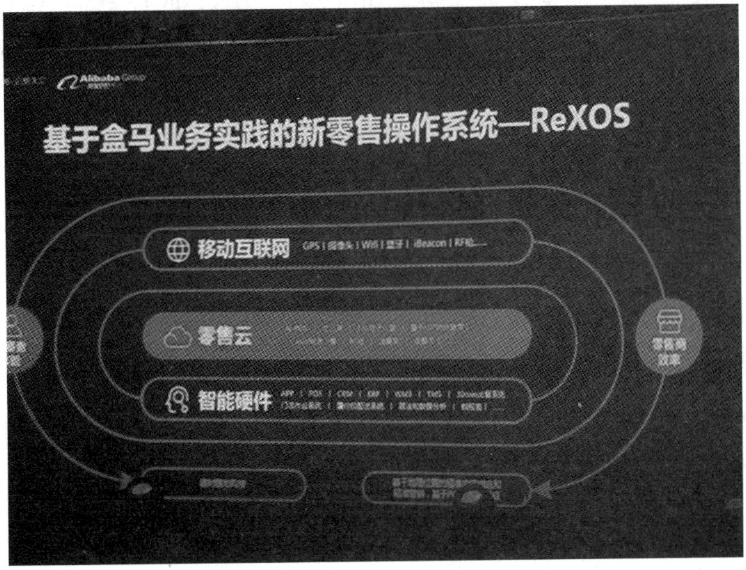

基于盒马的“ReXOS”新零售操作系统

这是一个线上平台对线下兴趣满满的时代，但是他们更强调自己的平台赋能能力。以阿里巴巴为例，阿里一直强调自己的平台赋能属性，2018 年云栖大会马云形容阿里“不是自己做零售，而是告诉大家，零售可以这么做”。这一论述的背后意味着品牌与平台巨头未来有更多的合作可能性。因此我们看到新零售的典型代表盒马鲜生在云栖大会上开始卖“技术”了——盒马发布的新零售操作系统“ReXOS”，是基于盒马的业务实践打造的门店、APP、仓储物流、餐饮管理等一整套系统解决方案。同时盒马也推出了智能硬件 AI 驱动的智能收银机 ReXPOS 机。据介绍，ReXPOS 机平均每 24 秒能完成 4 件商品的扫码支付，收银人效达到行业平均的 4 倍。同样的，云栖大会中的“天猫未来店”体验，也是科技感满满。进入门店后所有的行为路径能够被有效记录，IPS 价签实现商品信息及推荐等多功能应用，还有灯带指引商品消费，离店后通过支付宝免密支付实现无感支付过程。未来这一套技术后台同样有可能成为解决方案，赋能到千千万万的小店中。

平台的强能力主要体现在数据和流量上，在这两个方面品牌自身的资源和平台已经不在一个量级上，在这种情况下，与其合作并利用好这部分资源才是正事。

能力强大的平台方以及多样赋能的技术服务商在整个零售生态中已经占据了重要地位，科技与零售的关系越来越发紧密，意味着这些品牌不能单打独斗——寻找合作伙伴寻找优质合适的合作伙伴武装自身，提升品牌竞争力成为趋势。品牌能够接触到的营销渠道、销售渠道、后台支持品牌实在太多。那么系统势必不能闭塞，需要快速接入各类系统，能够开放合作面对各个伙伴。而在开放合作过程中，需要一个中台统筹，将这些内容接入。

2.2.2.6　企业创新支持

未来零售充满着不确定性，为了应对这种不确定性，企业得不断加强创新能力。

集中式架构是“一锤子”买卖，企业为了满足业务需求，构建起一套系统体系。但当企业要开展新的业务时，就需要从头再搭建新的体系，这就为企业创新带来了较高的成本，物力和人力上都是如此。此外，创新很多时候都存在时效性，而当创新业务受到系统的桎梏时，项目进度势必会受到影响。而在当下，时间的重要性不言而喻。而分布式框架下的中台，就像游戏积木一样，根据不同的业务要求，组合不同的模块，为品牌建立创新业务打下了良好的基础。

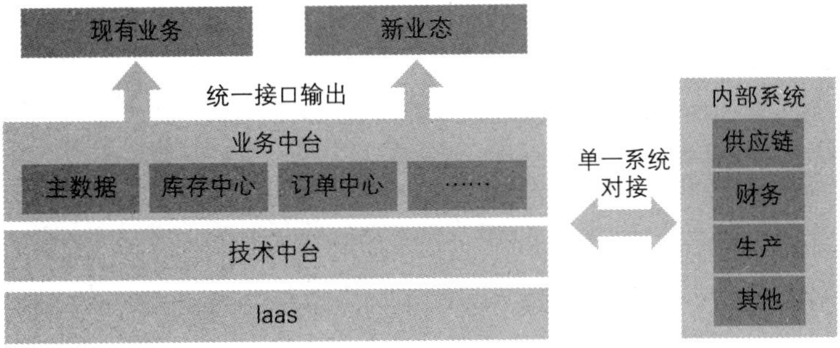

中台的系统扩展

中台的服务复用能力支撑了企业的不断创新。中台可以帮助传统企业将企业核心能力以共享服务形式沉淀，供企业快速低成本地进行企业架构改革。这样，企业在创新时不需要从头做起，可以提升效率，降低搭建成本。

2.3 中台生态逐渐形成

从中台理念来说，是不是所有企业都要上中台？这个问题的答案是模糊的。如果品牌现有的信息化建设进程尚能维持品牌的发展，这样的企业在现阶段可以不急着启动中台，企业本身也没有动力。但是，如果从品牌未来长远发展来看，这个问题的答案就变得肯定了。随着企业业务的拓展，线上线下更多地融合，品牌势必面临着各种系统间打通的困扰。这个时候，中台从性能和业务能力的实现上都能给品牌带来极大的改变。从这个角度说，品牌搭建中台就十分重要了。

从目前市场上来看，已经涉及中台的企业非常多。一方面是许多品牌基于现有状况或是对未来的思考正在逐步向中台转型，不仅在零售行业中，包括金融、出版等行业也都在应用中台。另一方面许多技术公司开始提供中台类产品，业内对中台发展普遍看好。

第3部分

解构企业中台

3.1 解构中台概念

企业中台作为企业品牌中重要的信息化系统，在数字化时代中扮演着重要角色，在促进企业数字化转型，打造数字化运营体系等方面显得尤为重要。企业在谈中台的时候，不可避免地要谈到技术、业务、数据，本章就从业务中台、数据中台、技术中台的角度来剖析企业中台的重要性。

3.1.1 业务中台

E3+企业中台是百胜软件基于多年的行业积累经验的基础上，顺应品牌企业新零售发展趋势推出的企业级信息化应用系统。使用云计算、大数据、移动互联网高可用架构技术，重构企业现有全渠道业务系统体系，在提供全渠道一体化的库存、订单、会员、物流等运营管理能力的基础上，为业务转型和新业务部署提供快速落地的能力，加速企业数字化转型。

另外，业务中台，构建集团业务共享服务中心，是企业业务服务能力的体现。业务中台让商品、会员、订单、库存等信息沉淀到中台系统中，从而使得任何一条业务线都拥有公司的核心能力，赋予企业业务快速创新和试错能力。

其实，企业的很多业务是有共通性的。例如实体门店和电商平台中都需要调用会员信息。传统的做法是实体门店有一套自己的 POS 或是独立的 CRM 系统，电商也有一套管理会员的系统体系，双方的数据是不互通的，实体端或是电商端只能从自身一套系统中去调用相关的会员信息，这些会员信息可能存在大量重叠。如果这个时候企业想要新建一个业务场景，就需要重建一套支持体系，把会员数据调取出来。不难发现，这里存在大量重复劳动，如果业务需要快速反应，还面临着服务不及时的问题。

业务中台则把这些通用的服务能力沉淀下来，来支持前端的变化发展。业务中台里通常会设置会员中心，所有的会员信息都整合在会员中心里，这个中心可以支持实体零售业务、电子商务业务、移动电子商务业务等，只要企业前端有需求，都可以从统一的会员中心提取数据，提供业务服务能力。这样，新业务、新场景到来时，只要依据业务需求，就能够像七巧板一样将系统能力抽取出来，组合成新业务。

通过业务中台可以实现业务服务复用，快速支撑上层业务，保证业务的灵活性，解决业务调度问题，这是业务系统的重构与升级。

3.1.1.1　业务中台的业务连接

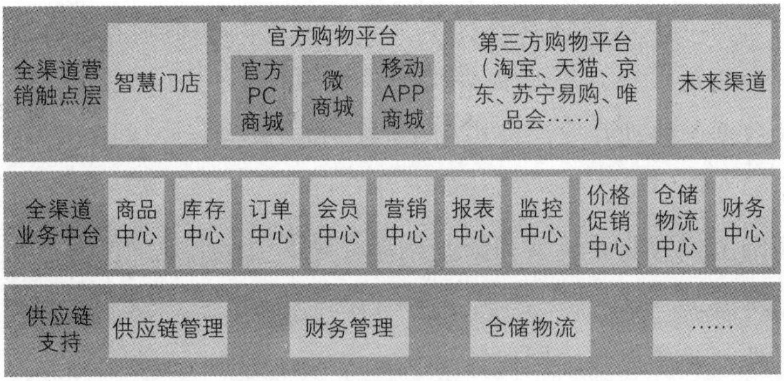

业务中台支撑起全渠道业务

业务中台是企业中台核心能力的展示，是对整个零售业务的高度集成。对于前端、后端业务的高度集成、灵活扩展提供了便捷、高效的系统保障。

业务中台在消费者触点层连接商城、社交软件、智慧门店、社区生态等；后端对接整个供应链支持层，包括供应链管理、生产制造管理、财务管理、仓储物流管理。遵循大中台，小前端的概念，整个零售的核心业务在中台集中处理：包括商品中心、价格促销中心、库存中心、订单中心、财务中心以及仓储物流中心等。

中台系统为企业业务的集中管理，数据整合提供了保障，加速了企业的数字化转型。在提供全渠道一体化的库存、订单、会员、物流等核心业务运营管理能力的基础上，为业务转型和拓展新业务提供快速落地的能力，加速企业数字化转型。

业务中台基于微服务的架构，抽离多个业务中心，打造了一个开放平台，可实现对内对外的高效无缝对接，系统服务能力不断提升，滋养企业业务发展，线上线下数据融合创新。为企业的稳定、健康发展提供保障。

3.1.1.2　业务中台十大业务中心

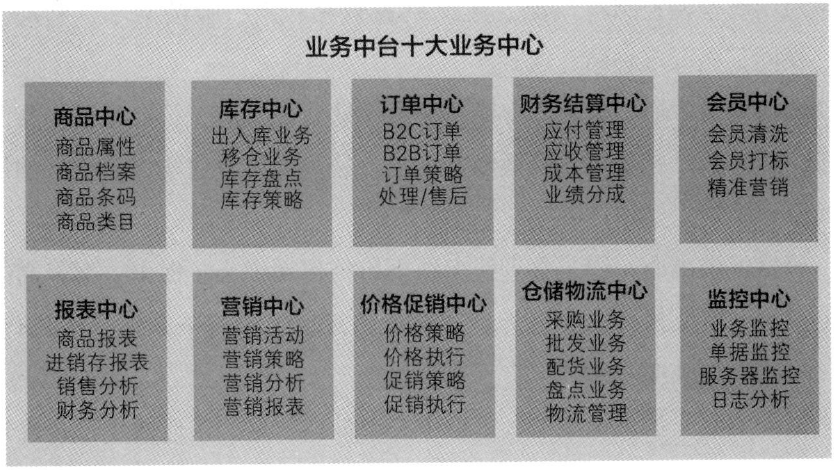

企业中台十大业务中心

商品中心：支持商品 ID 及标准属性继承，根据行业特性，全面支持属性模板管理，扩展动态属性；支持多维度、多类目的商品数据分析，实现全面多维的商品 360°视图管理。

库存中心：全域库存共享，实现线上线下共享同一盘货，最大化库存销售，提高库存利用率、周转率；通过库存管理，优化库存结构，精细化货品运营；通过库存共享，实现缺货销售、满足消费者全渠道的购物需求，提升消费体验。

订单中心：全局订单管理，根据规则策略，自动适配、智能路由订单，提高订单作业效率，订单全局共享，数据流转，节省企业运营成本，订单高效触达客户。

会员中心：整合线上线下，集团多品牌会员管理，会员信息，会员权益；通过会员清洗，标签化分析，实现会员画像，会员的精细化管理。

营销中心：通过会员动态标签，360°画像，数据化会员管理，实现会员资产化，实现会员精准化运营和全域营销，提升品牌价值。

财务结算中心：企业根据全渠道业务场景，划分财务结算方，制定全渠道结算模型，结算策略、定义结算规则；支持业绩共享、利润共享、视同买卖等多种结算模式。

仓储物流中心：优化库存结构，数字化货品运营，智能化预测货品需求；通过数字化分析、高效精准的执行智能配补货，实现供应链的敏捷快反，实现以销定产。

价格促销中心：统一管理线上线下价格促销中心；促销方案，高效智能策划，便捷执行；价格管理遵循价格策略、价格体系，分步执行，细化价格管控维度。

报表中心：基于企业中台数据中心，抽离数据，快速构建符合客户业务需要的报表，实时高效精准。

监控中心：实时监控除了业务执行、业务状态、业务数据外，也包括系统运行、系统压力、系统服务响应。

3.1.2 数据中台

3.1.2.1 数据中台解读

数据中台是数字化转型时代的产物，当然也是在互联网发展的背景下催生出来的。数据中台要解决的一个核心问题是让一些业务数据化的同时，也让一切数据业务化，通过大数据的力量去指导企业的运营和决策。数据中台建设的核心还是数据仓库和数据中心，我们首先从大数据谈起。

什么是大数据？

随着互联网的不断发展，数据量越来越大，大数据已经成为当今信息时代的一个重要概念，几乎所有领域都在挖掘大数据带来的价值。

通俗来说，大数据是指那些数据量巨大、数据类型极其复杂的数据集合，这些数据无法用传统的数据库进行存储、管理和运算。这些数据本身很难被企业直接利用而产生价值，但是对这些数据进行分析、处理后，却能从中得到非常有价值的数据。

什么是数据挖掘？

数据挖掘是大数据分析的理论核心，其本质是依据数据处理模型建立的一组逻辑算法。

自从 2009 年大数据概念被提出，经过将近 10 年的发展和应用，现如今我们已经可以借助数据挖掘算法、分布式计算、预测分析能力、可视化分析等一系列的手段或方法，帮我们不断地挖掘数据的潜在价值。

什么是数据仓库？

数据仓库之父 W. H. Inmon 给出的定义是：数据仓库是面向主题的、集成的、随时间变化的、稳定的数据集合，用以支持管理中的决策制定过程。

传统的关系型数据库比较合适处理格式化的数据，是支撑企业业务系统的重要组成部分。稳定且不随时间而变化，而基于大数据的数据分析是随着时间而变化的。因此具备随时间变化特性的数据仓库，在大数据分析领域较传统数据库更加适合。得益于分布式存储的不断发展，目前作为大数据存储容器的方案应该有很多了。大家如果有兴趣的话可以去网上查看，我们就不在此展开了。

数据仓库是数据中台演变的一个重要过程。

什么是数据中台？

数据中台是由阿里率先提出的，现已成为大数据的热门概念之一。业务数据化，数据业务化则是阿里对大数据应用最好的诠释。而数据中台就是实践中的必然产物。

那么数据中台到底是什么呢？我们认为数据中台是利用数据技术对海量数据进行采集、过滤、筛选、存储、运算等加工的过程，并且在过程中对数据进行标准化，产生标准数据形成数据资产，最后将数据资产基于业务场景转化为数据服务，从而为数据使用者提供价值。

目前许多企业在数据应用的实践中，经常会遇到数据孤岛、数据资产维护混乱、数据价值利用低等情况。而数据中台的出现能有效地改善这些现状。通过数据中台的数据治理方案和实施方法论将数据统一之后，形成标准数据，再进行存储，形成大数据资产层，进而为客户提供高效服务。

这些服务跟企业的业务有较强的关联性，是这个企业独有的且能复用的，它是企业业务和数据的沉淀，其不仅能降低重复建设、减少烟囱式协作的成本，而且也是差异化竞争优势所在。

通过数据中台建设，用户可显著降低基于企业数据仓库的数据应用开发周期，降低开发成本，还可大大降低数据仓库、数据处理、数据应用的运维成本。

3.1.2.2 数据中台构建企业数据生态

借用数据中台业务掌门人——朋新宇的一个例子来说明数据中台如何构建企业数据生态的。我们把数据中台比作一棵大树，“业务产生最初的数据，通过大树自身的系统，一步步变成果实、二氧化碳等等，又返还给土地、鸟、空气。这棵树，通过数据采集、计算，提供统一的服务中间件，最后应用到业务中。”数据来自于业务，反哺业务，并循环往复，蕴含更大能量，形成一个数据生态，而这个生态蕴含着无穷尽的可能性。这是今天阿里对于数据业务的认知。

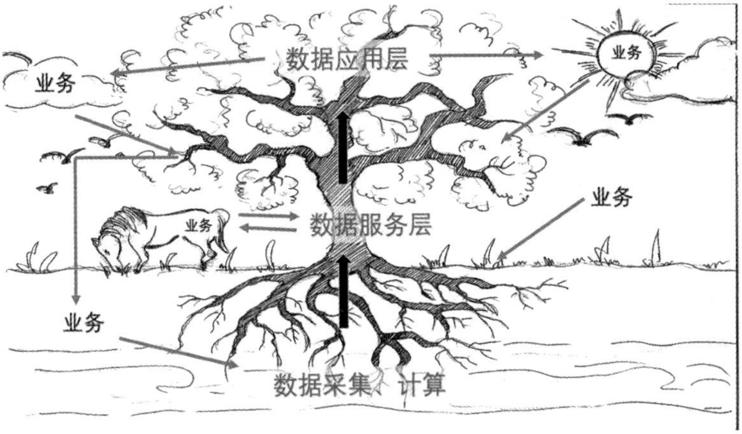

数据生态

阿里在数据中台的实践中充分表明了对传统大数据仓库思维的变化。从刚开始的数据监测、报表统计，再到数据运营和分析，最终希望达到由数据驱动业务，再集合机器人学习人工智能等先进思想和技术，实现智能化数据应用。

数据中台在不同行业的应用场景

行业	应用场景
电子商务和在线零售	需求点： 电子零售商致力于不断地创造针对性强的商品去适应不同客户的需求； 为客户提供一致的跨渠道体验； 从能触达用户的所有触点采集客户线索，不断优化后端的业务流程 应用点： 推荐引擎：基于用户行为数据的分析以及他行相关对比数据的比较，推举出最符合用户需求的推荐商品，提高销售额； 跨渠道分析：对订单特征信息，结合客户属性对渠道的价值或组合方式进行分析，例如：多少店内的客流来自线上某个促销/活动/广告； 销售预测：基于商品的同比和环比分析可以对下一个销售周期的经营进行预测。

续表

行业	应用场景
零售和专注于客户消费	促销效果和市场客群分析； 营销活动管理以及客户忠诚度计划； 供应链整合与协同； 销售预测； 客户分析。
金融服务	合规性和监管报告； 风险分析和管理； 欺诈检测和安全分析； CRM 和客户忠诚度计划； 信用评级和分析； 交易监管； 异常交易模式分析等。
网站和数字媒体	社交媒体与数字营销产生的许多数据是连续的，因此具有极高的挖掘和分析的价值； 大规模点击流量分析； 广告投放、分析、预测和优化； 滥用和点击欺诈预防； 社交图分析和概要分析； 营销活动管理和忠诚度计划。

从零散的数据到统一的数据

传统的系统架构中，因为系统分散，所以导致数据也分散在多个系统中，导致资源浪费，数据不准，实时性、精准性不高，对于数据的高效运营分析意义不大。另外，业务数据在业务系统中，社交数据在社交媒介中，交通信息在出行 APP 中，多维的数据之间并没有统一的标识，无法进行全域的、多维的，单一数据 ID 的分析。造成资源浪费，业务管理无序，所以各个数据表之间没有连接，数据应用的价值大打折扣。

从数据提供者到业务推动者

在数据中台中，建议数据之间的统一标识，实现统一的数据 ID 管理运营理念。统一社交、娱乐、生活、交通、支付、金融等多态数据，通过数据整合，数据建模，形成统一的商品、会员、支付、营销等多维度数据的透出。

在数据的公共层，按照业务进行原始数据的抽取，在核心业务层进行数据的透出。统一的数据在整个数据应用层进行具体透出，实现百花齐放，快速响应。全盘的把握数据，实现数据资本到数据资产的转化。

3.1.2.3　数据中台技术框架剖析

数据中台从技术实现角度可分成：数据交换层、数据中间层、统一数据服务层。

数据交换层：它面向各个业务系统，负责业务数据的清洗、交换和加工。作为数据的准备区，为数据中台提供统一的数据接入，一般数据可分为离线数据和实时（准）数据。首先，在这层将提供数据同步功能，支持结构化数据的增量或者增量同步；其次，针对非结构化的数据提供结构转化功能，使之经过处理后成为结构化的数据并实现存储；最后，提供历史数据的积累和清洗，并根据数据业务的需求保存信息。

数据中间层：数据中间层进一步可分为数据存储与数据计算分析两部分。

数据存储

数据存储，包括 ODS（贴源数据层）、DW（数据仓库）、DM（数据集市）。

数据计算分析

数据计算分析包括算法库、机器学习等计算组件；模型设计和 olap

数据分析；数据分析与探索挖掘引擎，以及基于维度建模的多维分析、交互式探索分析、机器学习、深度学习、可视化敏捷报表门户等功能，向用户提供强大的数据分析与数据挖掘能力，助力用户大数据的价值发现。

统一数据服务层：包括门户和数据资产管理，它支持个性化指标加工和基于应用的数据组装。

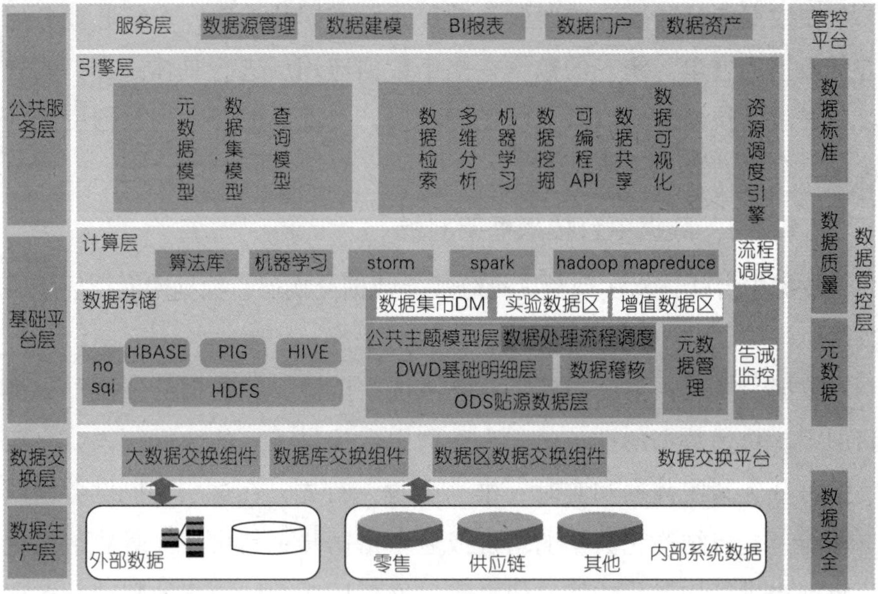

数据中台架构蓝图

从业务角度中台又可以分为四层：数据开发、数据模型、数据服务及数据开发。

通过数据技术实现数据的有效性统一性，通过数据建模实现跨域数据整合以及知识沉淀，更好地利用数据资源，通过数据服务实现对于数据的封装和开放，快速、灵活地满足上层应用的要求，通过数据开发工具满足个性化数据和应用的需要，这是企业构建数据中台需要完成的事情。

数据开发

企业的业务一定会产生大量数据，储存在自己的数据中心、数据库中，不同的业务间还产生了口径不统一的数据形式。随着数据体量的增加，数据维护的成本非常高，而且数据调用非常困难，长期处于低效状态。因此，在数据中台里，我们需要通过数据技术，对海量数据进行采集、计算、存储、加工，同时统一标准和口径。

数据模型

对数据建模是为了更好地应用数据资源。基础模型主要为了实现数据的标准化；融合模型主要实现跨数据的整合，从而来汇总、关联、解析数据；挖掘模型是将常用的应用沉淀到企业中台，方便数据能力的调用。这些在数据模型中标准化、统一化的数据存储在中台体系内，能够形成庞大的数据资产，这些数据资产能够在后续的业务中不断被调用使用，提供高效服务支持。

数据服务

将数据模型按照应用要求进行服务封装后就形成了数据服务。数据封装的难度比业务中台的封装难度要高一些，因为数据分析的影响因素更多，市场变化快，导致封装难度变大。这种数据服务能够给品牌带来更多规模化的应用，尤其是业务复杂的情况下，更对数据服务能力有了更高的要求。

数据开发

仅仅有好的数据模型和数据服务是不够的。搭建企业中台不仅是解决传统痛点的，更是要面向未来，考虑企业未来发展的，这样数据中台就需要有开发能力，满足未来个性化的需求。最简单的是提供标签库（DMP），用户可以基于标签的组装快速形成营销客户群，通常是面向业务人员，然后是提供数据开发平台，帮助可以基于该平台访问到所有的数据进行可视化开发，一般面向 SQL 开发人员，最后是提供应用环境和组件，让技术人员可以自主打造个性化数据产品，以上层层递进，满足不同层次人员的要求。

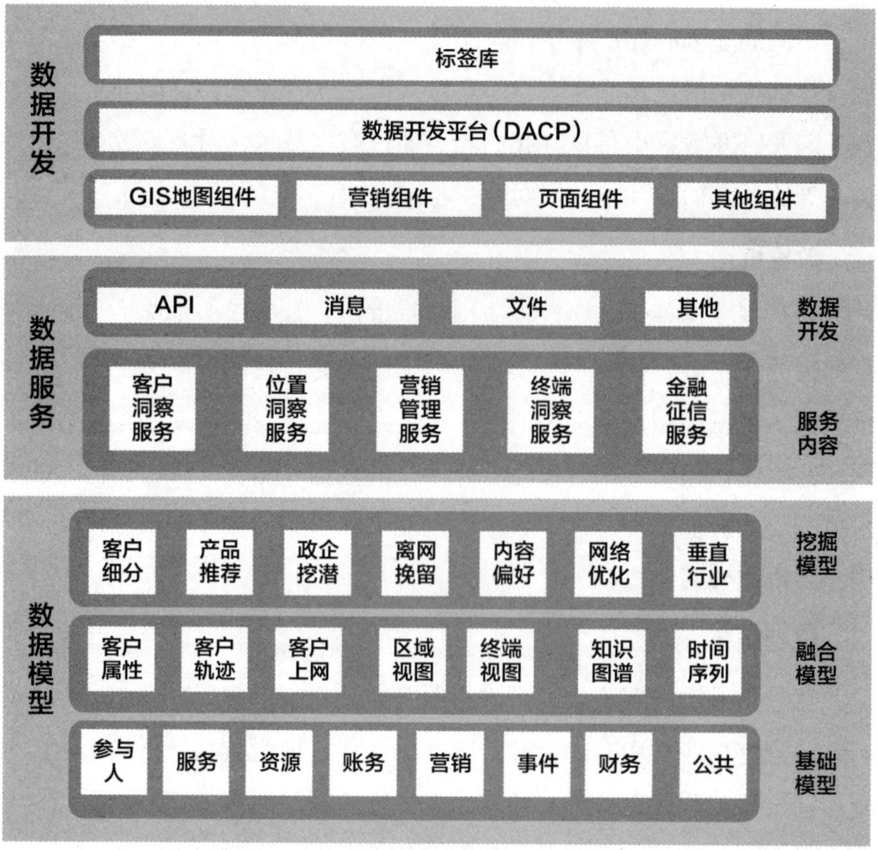

数据建模

3.1.2.4　实现企业智能数据驱动数字化平台

随着大数据的应用不断发展，企业监管机构及决策机构越来越认识到数据对于企业的重要性。因此企业对于智能化的全面数据治理的需求从未如此强烈。

数据治理在技术层面可以分为“被动的”和“主动的”，传统被动的数据治理基本源于业务部门对经营或生产需要，借助半自动化的数据工具实现的。这样的系统已经无法满足现如今企业高速发展的业务以及日益残酷的市场竞争需要。如今的企业需求要的是一整套完成的智能化、自动化数据治理平台。所以整合了商业智能（BI）与人工智能（AI）的数据中台产品，就成为了企业最佳的选择。

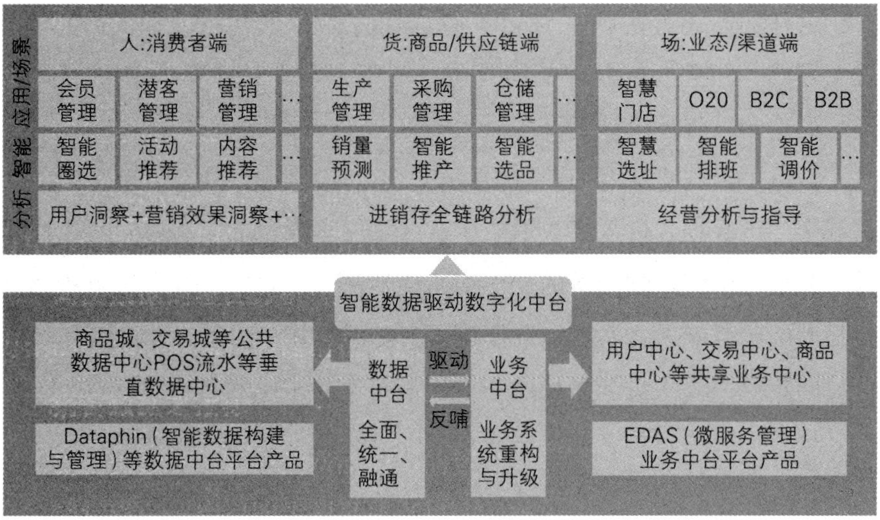

数据中台驱动业务数字化运营

我们以零售行业为例，新零售思想正在改变整个行业的思维与经营模式。现如今谁能更好地实现人、货、场的重塑，更快地搭建符合消费者预期的消费场景，更好地满足消费者的消费体验，无疑将会在新的一轮竞争中占得先机。要实现这些数据中台无疑是必需的。数据中台通过对商品、交易等公共数据，POS流水等垂直数据，建立全面、统一的数据模型。再利用数据挖掘，多维分析等数据加工手段不断为企业积累有价值的数据资产，提高数据部门的响应速度，提高工作效率。决策机构、监管部门、业务部门可以通过数据中台提供的各类数据服务，轻松得到来消费端、商品/供应链端、渠道端的数据分析与预测支持。帮助企业提高决策效率、提升决策正确率。

3.1.2.5 数据中台的展望

数据中台是企业大数据能力的体现。传统企业对数据的应用是匮乏的。企业对数据的认识更多地集中在数据仓库，各种系统数据整合到数据仓库，形成报表，各个关心业务的负责人或者运营人员将报表作为决策参考。

这样的方式正在被替代，因为数据报表能够提供给业务人员的信息是有限的，并且人的处理能力有限，通常只能关注到极少数的报表问题，而这个过程还牵涉到许多人力繁复的 Excel 表格工作。

数据中台则意味着商业智能（BI）+人工智能（AI）。业务时时刻刻都会产生数据，进入到数据中台，数据中台通过人工智能，将人的经验沉淀成算法将数据分析的工作交由机器完成。这个时候，数据中台构成强大的中心能力，实时地数据进入，实时分析出商品策略、营销策略等，同步给一线人员。而且这个过程是快速的，机器是不知疲倦的，能够处理上亿条信息。这种效率通过人工处理数据是无法做到的。

在大数据应用时代，数据分散导致数据能力难以复用，企业难以洞察全局业务，由此导致的运营体系缺失等问题逐步显现，使得新兴业务无法快速高效开展，传统业务难以实现数字化转型。数据中台体系恰是将统一数据规范、统一数据分析、统一数据服务，由此为企业带来统一的数据资产，这种统一的数据资产能够支持品牌的全局洞察，在各业务间统一服务，通过数据能力驱动运营。在业务中台与数据中台间建立协同作用，将业务数据沉淀至数据中台，用数据能力倒逼业务变革，通过数据驱动决策，推动极致的用户体验。因此可以相信数据中台的应用前景将是无限的。

3.1.3 技术中台

不管是业务中台还是数据中台，都离不开技术架构的支持。脱离了技术，所有我们谈的业务与数据能力都无从实现。

3.1.3.1 技术演进路线

在谈技术中台时，我们不妨先来看一下技术架构的演进路线。

随着互联网业务的发展，应用的规模不断扩大，常规的企业级垂直应用架构已无法应对，服务式的应用架构以及分布式服务框架势在必行，用户亟须一个治理系统确保架构有条不紊地演进。

从企业架构演变路线来看主要有单一应用架构、垂直应用架构、服务式应用架构和分布式服务架构，目前基本演进到第四阶段，当然国外已经开始研究第五阶段，但是分布式服务框架还有很长的生命周期。

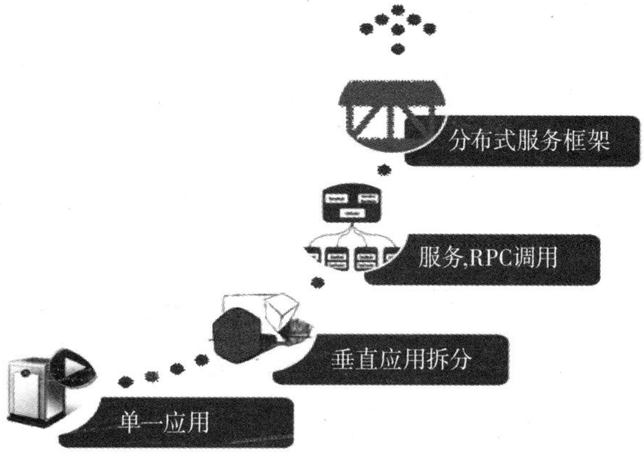

架构演变路线

第一阶段：单一应用架构

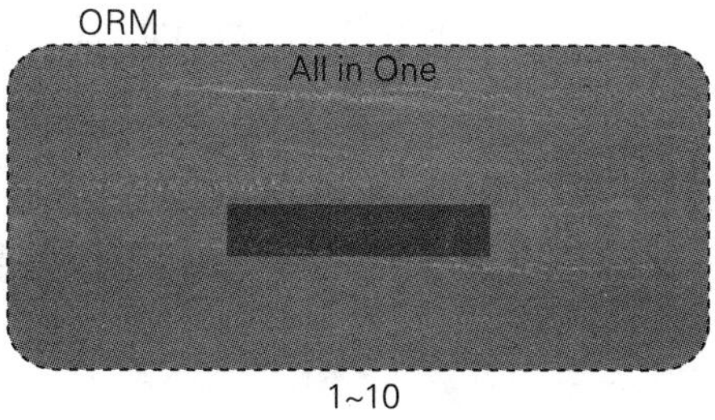

单一应用架构模式

当使用量不大时，只需一个应用，就可将所有功能都部署在一起，以减少部署节点和成本。此时，用于简化增删改查工作量的数据访问框架（ORM）是关键。这是企业为了增加效益而开发的应用，这种架构下没有做任何拆分，应用系统很臃肿，维护和版本升级开销非常之大，一旦出问题就是整体的崩溃。但其实现在有很多企业应用系统仍然停留在第一阶段。

第二阶段：垂直应用架构

当访问量逐渐增大，单一应用增加机器带来的加速度越来越小，将应用拆成互不相干的几个应用，以提升效率。此时，用于加速前端页面开发的 Web 框架（MVC）是关键。

随着企业运维的复杂性的提高，WEB 容器、B/S 结构出现，企业给予部门或业务开发了许多垂直应用，采用了一些除数据库之外的中间件技术。

在这个阶段很多企业是把应用服务和数据完全隔离，对企业来说有了一定的能力去增加吞吐量。这些垂直应用提升了企业效率，加强了企业管理。但是，各应用中存在重复的业务功能和代码，甚至在一个应用中也会存在冗余的代码逻辑，应用系统依然很臃肿，业务逻辑处理和界面交互的代码还是堆放在一起，维护和版本升级开销都很大，稳定性不够理想。

这是企业架构的第二个阶段——垂直应用架构。

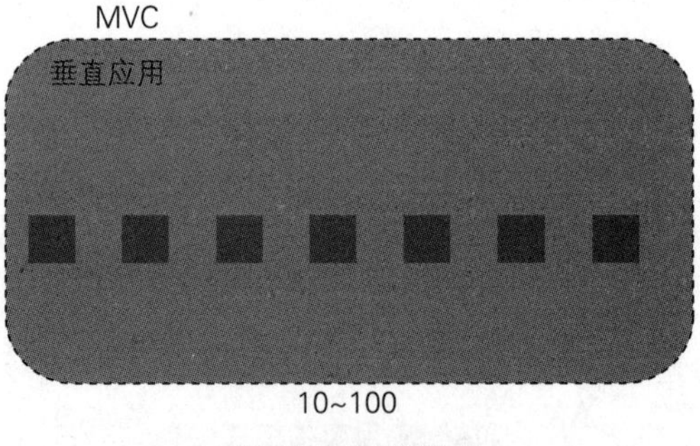

垂直应用架构模式

但是当垂直应用越来越多，应用之间交互不可避免，这个时候企业面临着进行业务融合，数据打通的问题，因此催生了面向服务架构（SOA），用以解决企业应用、业务调整和数据共享的问题。服务式应用架构阶段将核心业务抽取出来作为独立的可以复用的服务，使前端应用能更快速地响应多变的市场需求。

但是各应用中存在许多重复的业务功能和代码，甚至在一个应用中也会存在冗余的代码逻辑，应用系统很臃肿，业务逻辑处理和界面交互的代码放在一起，在信息化的维护和版本的升级层面开销都很大，稳定性不够理想。

第三阶段：服务式应用架构

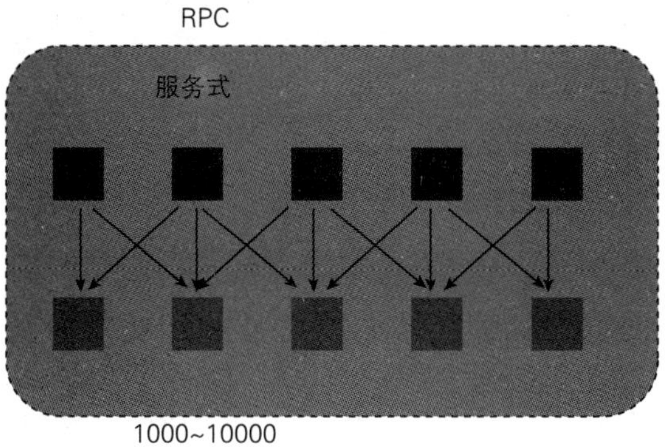

服务式应用架构图

当垂直应用越来越多，应用之间交互不可避免，将核心业务抽取出来作为独立的可以复用的服务，使前端应用能更快速地响应多变的市场需求。此时 RPC 技术是关键。

在服务式应用框架中，把冗余的代码和可以服用的业务应用进行拆分提取，封装成服务。这样系统架构更加清晰，代码质量提高，利于升级和维护，稳定性高。应用层可以更专注在与前端用户如何交互，业务处理放在服务层来进行，服务和应用的管理不是自动化，服务层能够实现 HA 的功能。

但是，在服务式应用的阶段，仍然存在实施过程只站在局部业务，单个项目角度考虑的问题，缺乏全局思维，业务系统之间更多的是交换，而缺乏共享和协同。

第四阶段：分布式应用架构

第四阶段能够监控原来看不到的服务状态，把分布式服务架构做到自动化注册和解析的过程当中。在这个过程中，企业横向扩展变得越来越灵活，这也是很多互联网公司在高峰期能支撑那么多订单量的原因。

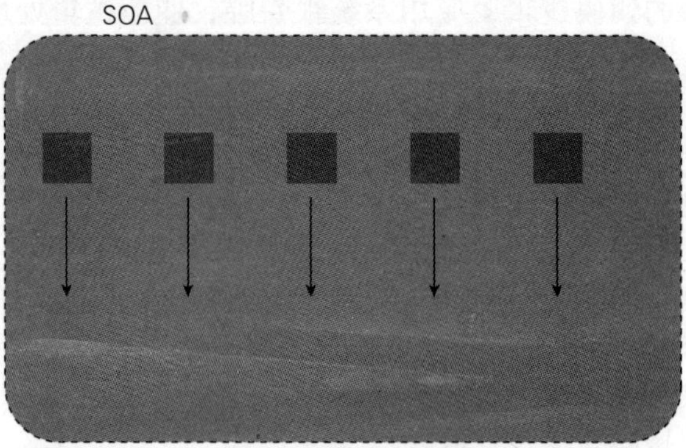

分布式服务架构

当服务越来越多，容量的评估，小服务资源的浪费问题逐渐展现，此时需要增加一个调度中心基于访问压力实时管理集群容量，提高集群利用率。此时，用于提高设施利用率的资源调度和治理中心（SOA）是关键。基于服务式应用架构基础上，引入服务注册中心，用于保存服务列表，实现自动化服务体系框架。

分布式服务架构的优势：

首先，分布式架构，应用层和服务层可根据需求进行动态水平扩展，应用与服务实现负载均衡，通过随机、轮询、权重等策略。

其次，开放式、标准化的框架，满足接口调用的服务都可以接入服务框架（RPC）。

最后，监控服务调用情况，可进一步对服务层再分层，根据业务需求和对服务运行情况对服务进行编排和梳理，以及服务治理。

3.1.3.2　技术中台架构支撑

我们看到，随着互联网业务的发展，应用的规模不断扩大，常规的企业级垂直应用架构已经无法应对，服务式的应用架构以及分布式服务框架势在必行，用户亟须一个治理系统确保架构有条不紊地演进。企业必然走向互联网的分布式服务和架构，而这套架构已经在多个行业中遍地开花，这是互联网技术的红利在慢慢向企业赋能的表现。

分布式服务架构解决的核心问题就是服务调用，未来企业新增加一项业务或服务，通过整个服务中心可以很好地对外发布，调用者可以迅速地完成相应的调用，整个过程变得非常敏捷。这也是为什么很多互联网公司能够快速地适应业务的变化，能够做敏捷的交互的原因，因为拆分得很细。如果哪一个服务出现不好的问题，可以做服务的升降级，可以做平滑的切换，系统应用整体感受会有很大提升。

通过分布式架构，一方面是在解决业务支撑能力的问题，另一方面，实现真正地去中心化系统实现系统的弹性，降低耦合性，突破系统"瓶颈"，提升灵活性，以便使业务能够不受技术能力的约束实现快速创新，从而形成"技术拓展商业边界"的能力。

数据中台要求可以对数据进行海量的数据化运算，海量的数据化处理和分析，对于传统的系统架构来说，很难满足海量的采集、计算、存储等一系列的大数据操作。另外，在数据的基础上，还需要对数据进行数据模型、算法服务、数据产品、数据管理。这些数据跟业务中台具有很强的关联性。所以为了满足数据中台的实时、在线、高效地数据化处理和运营分析，对于技术架构提出了分布式、高并发等大数据的处理要求。

所以说，技术中台是能力支撑。通过分布式服务架构来实现，解决传统烟囱式的问题。在中台设计的过程中，技术是核心的一环。而我们现在谈的中台，在技术能力上，有着异于传统的改变。

这种改变在技术中台上还表现为技术架构要超前于现有业务。业务布局在现时变化太快，但系统不能实时跟随变化。从技术架构上要支持中台的业务沉淀和服务复用，实现前台业务的快速组合和低成本创新。

3.1.3.3 技术中台能力

以百胜软件的企业中台为例，我们可以看到，百胜软件的中台技术架构可以分为四层：资源层、公共服务层、应用层和用户访问层。聚焦于公共服务层来看，将开源的、基础的能力封装成核心技术层；在技术层之上是与行业无关的核心业务，因为每个行业都会有订单、库存、营销等业务，封装起来形成核心业务层；在业务层之上还有一些服务，我们给它赋予行业的属性，形成了行业层服务，针对鞋服、珠宝、日化等行业都有相关的服务。这样的分层体系相对来说比较清晰，具备较强的专业度，同时能够聚焦不同行业。

百胜软件中台技术架构为了满足业务发展还具备以下特性：

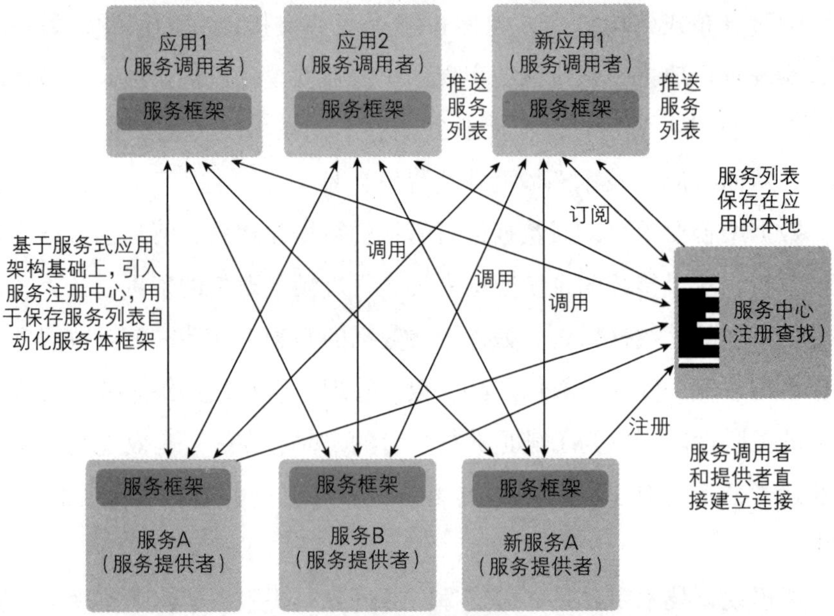

分布式服务响应模式

分布式服务架构：当服务越来越多，容量的评估，服务资源的浪费等问题逐渐显现，此时需增加一个调度中心基于访问压力实时管理集群容量，提高集群利用率。此时，用于提高设施利用率的资源调度和治理中心（SOA）是关键。

基于服务式应用架构基础上，引入服务注册中心，用于保存服务列表；实现自动化服务体系框架。

分布式架构，应用层和服务层可根据需求进行动态水平扩展，应用与服务实现负载均衡，通过随机、轮询、权重等策略。

开放式、标准化的框架，满足接口调用的服务都可以接入服务框架（RPC）。

监控服务调用情况，可进一步对服务层再分层，根据业务需求和对服务运行情况对服务进行编排和梳理，以及服务治理。

分布式服务管理：通过分布式服务管理，统一了 RPC 调用框架，从技术上让开发人员提升开发效率，保障我们的开发质量。

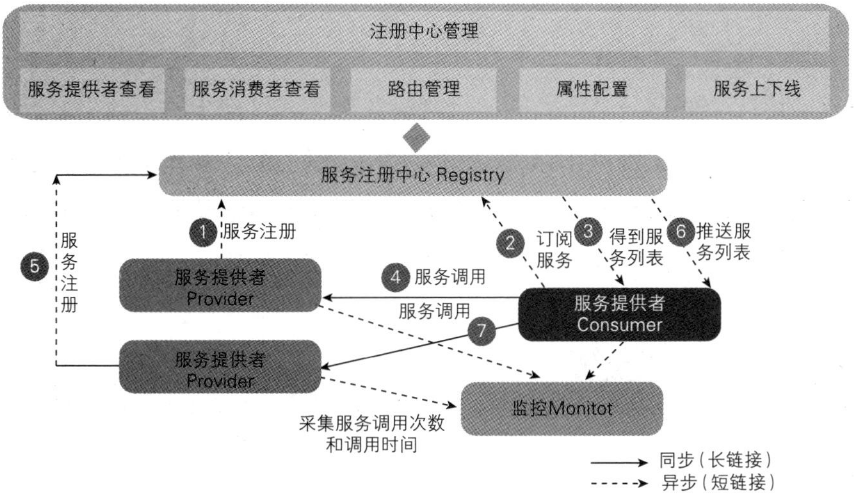

分布式服务管理

服务监控管理：有了自动化的服务治理之后，就可以对服务进行有效的监控，这样很容易发现哪些服务是存在并发压力的，哪些服务会容易产生故障，哪些服务可能耗时比较长，存在系统“瓶颈”。更深入地，我们可以把服务监控到在哪个时间段，针对哪个物理区域的服务器。到最后我们还可以针对某一个单台服务，监控它的整体资源的情况。

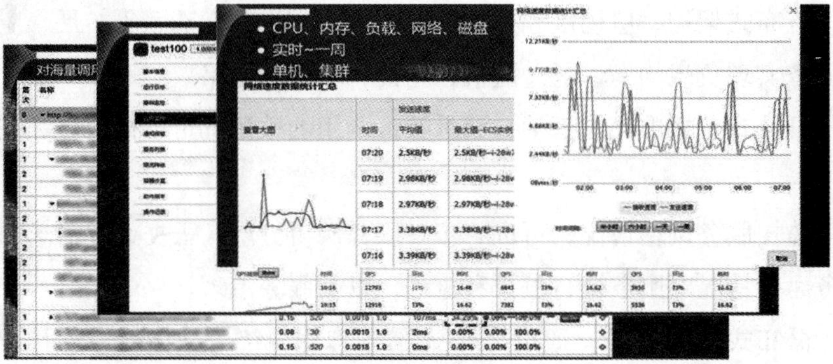

服务监控管理

异步解耦：同时我们还利用互联网的技术去解决平常业务中的一些痛点。传统软件有一个很大的痛点是业务操作都是同步的，同步之后容易形成堵塞，往往容易形成系统的崩溃，我们通过基于 MQ 的消息机制，把同步的机制解耦变成异步机制，保障在电商活动期间，当海量订单红利来的时候，可以缓冲订单红利，避免系统崩溃。

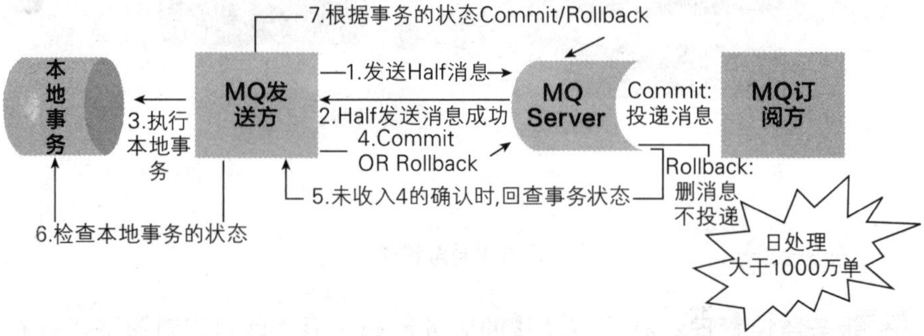

异步解耦

一对多，多对多异步解耦：基于发布订阅模型，分布式应用异步解耦，可以增加应用的水平扩展性，增加前端应用快速客户反应能力。

削峰场景：大促等流量洪流突然来袭时，MQ 可以缓冲突发流量，避免整个系统崩溃。

日志监控：作为重要日志的监控通信管道，将应用日志监控对系统性能影响降到最低。

数据缓存： 我们通过像 Redis 这样的缓存机制减少数据库的压力，通过内存计算提高计算效率，我们还可以通过 MQ 消息机制实现事务补偿，同时我们通过一些集群技术去增加系统健壮性。这里有一个很经典的场景，即大促活动（例如“双11”）这时候有海量的订单进入，而大量的订单处理都要去访问数据库库存这张表，要进行频繁的访问并交互，数据库的压力是显而易见的，很容易导致数据库压力传导到系统上，导致系统卡顿，变得特别慢或者崩溃，而像“双11”时期系统卡顿对业务造成的伤害是很大的。现在如果品牌几百万订单可能还可以接受，但是到千万订单的时候，现在的机制肯定解决不了，就需要这种新的机制，所以未来只有这样一种数据缓存的机制能解决这个痛点。

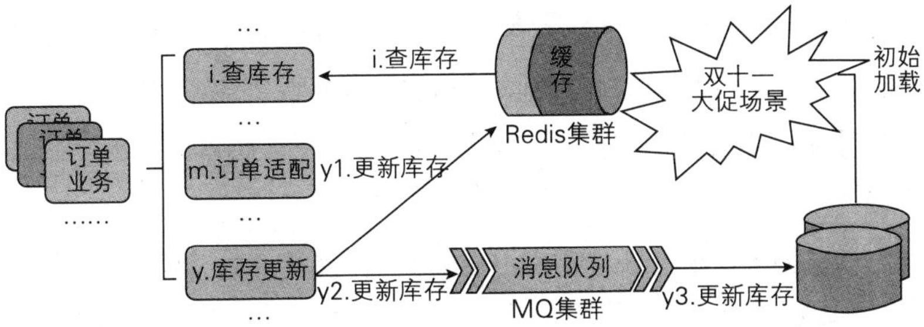

数据缓存

库存缓存： 通过缓存减少数据库读写压力，通过内存计算提高计算效率。

消息推送： MQ 异步处理数据库库存增量变更，实现事务补偿，解决数据一致性问题。

集群部署： 缓存集群部署，和数据库读写分离；增加系统健壮性。

数据库水平拆分： 单表的业务容量到千万级或者更高的时候，就需要对表进行拆分，因为单表已经支撑不了，整个访问会导致它的数据衰减很快。现在有一些工具能帮我们进行这样的水平拆分，当然具体拆分还要跟我们的业务规则结合。

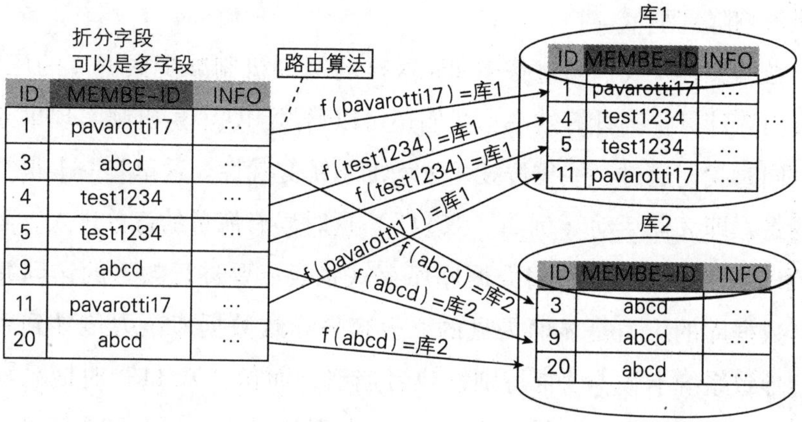

数据库水平拆分

技术开放共享：对于企业中台来说，由于涉及面广，百胜软件的中台技术未来是能给其合作伙伴开放共享的，通过这样一个体系，未来能够跟品牌、平台与合作伙伴共享，一起推动中台发展，发挥各自的力量，不断优化完善企业中台。

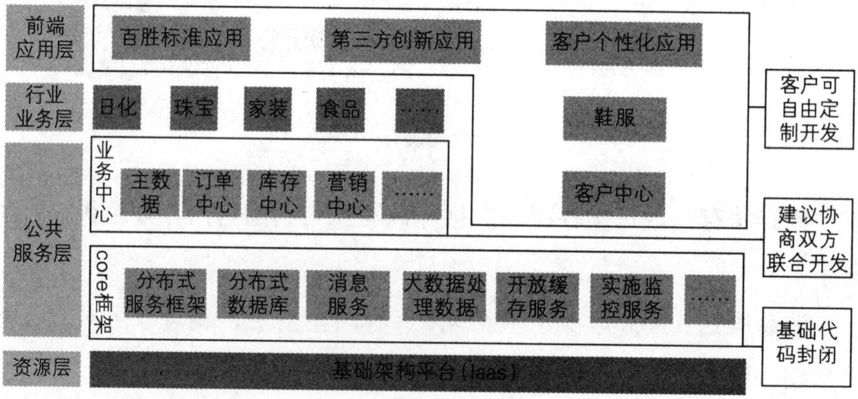

E3＋技术开放共享平台

3.1.4 业务中台、数据中台、技术中台的联系

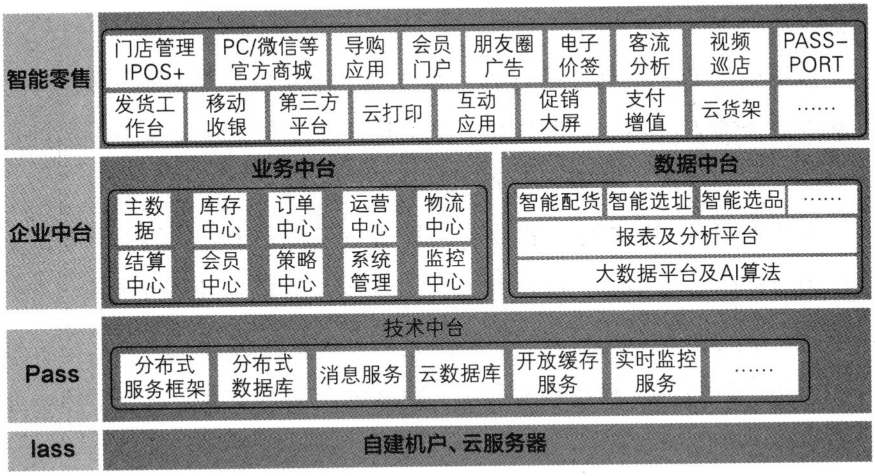

技术中台、业务中台、数据中台

业务中台和数据中台之间是相辅相成的，在企业中台里不可或缺。

业务中台的目标就是将一切业务数据化，本质是让企业数据做到实时统一在线。在这个过程中，会产生大量的企业数据，业务中台的核心也是要做到业务共享。

这些业务数据反哺给数据中台，数据中台进行全面、统一的分析。

数据中台的能力表现在数据和算法上。一个企业最终的竞争平台一定是在数据和算法上。业务场景、业务中台能搜集到很多数据，包括订单、交易、会员等，但数据一定是有限的。当你想帮助企业进行智能补货、供应链优化、降低物流成本、提高商品售清率等，此时数据变化一定会牵扯到各种各样的数据维度还要找到数据维度的关系，这就是算法。

业务中台数据最终会回到数据中台，也一定是先有场景再选择可以补足数据的存储、算法、设计能力。比如，智能补货算法，要一步步在业务场景中验证是否有效，这不是一蹴而就的，是一个不断迭代的过

程。今天的中台建设，一定是业务中台和数据中台两部分共同作用而成，是一个数据闭环的线路，否则只到数据那一块报表即已没有任何价值。

数据中台未来是能够通过数据能力驱动业务中台的变革。数据中台不断被业务能力滋养，不断优化，进而通过数据能力探索业务发展的优化模式，进一步推动业务中台的变革。

而业务中台和数据中台的良好发展要依托技术中台的能力。无论是业务中台还是数据中台，底层技术能力能够决定这个中台的能力发展，基于技术中台的业务和数据中台将更具活力和可持续性。

因此，我们可以看到业务中台、数据中台和技术中台对于整体企业中台搭建都非常重要。三者之间关系密切，互相影响。

3.1.5 大中台，小前端

企业中台遵循的理念是“大中台，小前端”。

在智慧零售发展的当下，面向消费者的一线，其实相当于各个“端”。这些“端”直接触达消费者，那么就要满足快速变化的消费市场的特性，这决定了“端”的变化速度一定是非常快的，因此就需要前端小而轻，能够及时跟上消费市场的变化，这就是我们说的“小前端”。对于“小前端”的理解，最典型的是门店应用，由于大多数企业都有个性化需求，这一类应用必然呈现出差异性，且对用户体验要求很高，因此这类应用就要求它有很强的可塑性。

这些快速变化的“端”对品牌来说，意味着需要更有力的中坚力量去支撑。这就像沃土，沃土之上能够长出各种植物，植物千姿百态，但营养来源都源自这块土地。所以大地需要足够的营养，这沃土便是中台。所谓“大中台”，更多的是把企业中的核心业务下沉至中台的基础服务中，然后通过中台的规范形成一定的服务能力，最终服务于前端应用。

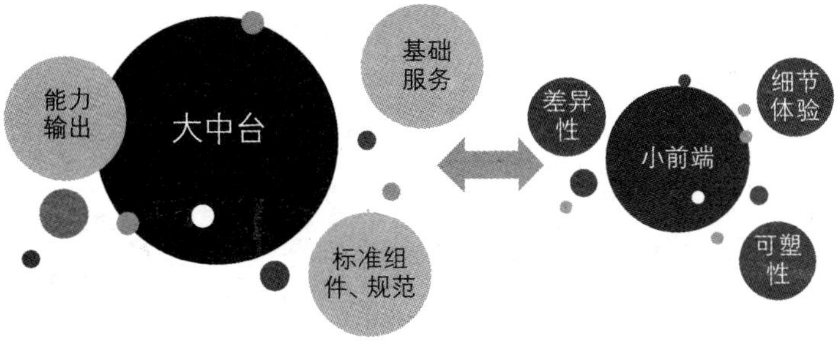

大中台，小前端

传统的烟囱式信息化建设系统在业务的变革过程中，业务能力和数据能力分散，不具备服务的能力。企业中台的服务能力，也就是中台实现了服务的共享，其本质上就是SOA。

SOA（Service-Oriented Architecture），面向服务的架构。SOA主要就是面向服务的分布式计算：实现服务间耦合，支持服务的组装，服务间的注册贺自动发现，可以以服务契约的方式定义服务的共享交互方式。SOA的核心理念就是，松耦合，可复用。所以SOA的核心价值点就是，松耦合的服务可带来业务的复用，通过服务的共享，服务的编排，实现业务的开始响应和创新应用。满足了互联网时代，企业发展，业务变革对企业效率，系统效率“快速”“极致”“共享”的需求。

企业中台是一个个的业务服务共享中心，服务中心不仅仅是一个简单的服务，而是多个服务的集合。根据不同的业务类型，进行业务服务的划分。通过不同的业务服务接口对外部应用提供服务。所以企业中台的业务中心的设计的基本原则是：（1）高内聚、低耦合；（2）数据完整性原则；（3）业务可运营性原则；（4）渐进性灰度建设的原则。在数据库层面要通过数据拆分实现数据库能力的线性扩展，技术上还是云化的思路。在性能层面，通过异步化和缓存技术来提升整体服务中心的性能。企业中台基于服务共享的能力，为品牌内部沉淀业务能力和数据能力，为前端应用提供服务的源泉，同时可以接入外部业态，把服务中心的能力开放化和共享化，打造品牌开放共创的生态。

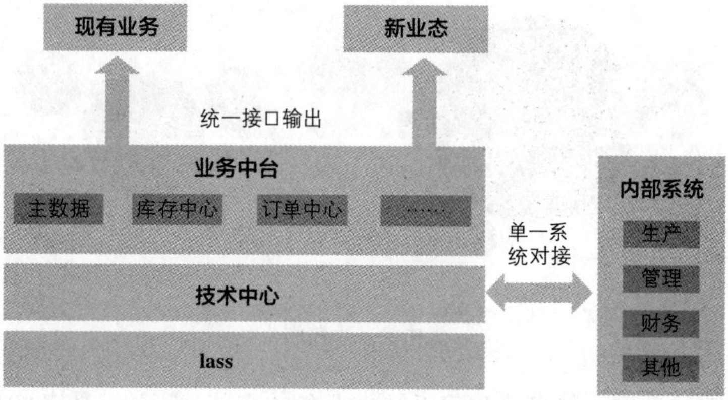
现有业务
新业态
统一接口输出
业务中台
主数据
库存中心
订单中心
……
技术中心
Iass
单一系统对接
内部系统
生产
管理
财务
其他

E3+开放平台

3.2 企业中台架构设计下的 COFFEE 特性

为什么说遵循“大中台，小前端”理念的企业中台能够在智慧品牌时代成为品牌的标配？这与中台的特性密切相关。事实上，依靠中台需要具备“COFFEE”特性，才能真正助力品牌新零售发展。

COFFEE 代表了企业中台在搭建上需要做到：系统全面升级（Comprehensive）、开放平台（Open）、快速构建（Fast）、结构灵活（Flexible）、高效响应（Effective）及系统可扩展（Extendible）。

3.2.1 系统全面升级（Comprehensive）

企业中台需要覆盖企业各项业务，不仅是当前业务，更是未来业务。在中台模块的设计上是系统全面地将企业的业务沉淀到中台里，这样才能为以后的工作做准备。

不仅如此，企业中台应当是能够覆盖全行业的。我们已经看到未来跨界拓展的趋势，在这种趋势下，品牌未来面临进入到不同的行业领域，系统作为支持的大本营自然要能够为企业发展服务，因此企业中台的特性之一就是能够覆盖全行业的。

3.2.2 开放平台（Open）

在这样一个开放时代，系统的开放能力更是十分重要的。每个企业未来都会面临来自各方平台和系统接入。那么作为在企业信息化建设中

“承上启下”角色而存在的中台系统就需要接口开放，向合作伙伴、开发者开放功能和数据，可以方便地与第三方系统做集成，可以很方便地连接企业的各种移动应用以及其他企业应用，保证业务快速开展。

3.2.3 快速构建（Fast）

对速度的追求是品牌在新时代的必然。面对大促时大量的订单来袭，系统要具备快速应对的能力，这种能力在传统信息化系统体系难以应对。而企业中台的架构特点保证了其快速业务的能力，成为品牌快速处理业务的有力支持。

3.2.4 结构灵活（Flexible）

传统信息化系统，我们常常形容像“一块铁”，可能当前模块任务做得不错，为业务操作与管理带来便利，但是如果有新型业务出现，也会首先成为新业务的绊脚石，往往如“一块铁”般坚固难以接受新业务逻辑。品牌为了平衡，要么选择削足适履，生硬地将新业务纳入传统业务逻辑中，结果无法真正发挥新业务的能力；要么，为新业务另辟蹊径，撇开传统系统的流程，在业务初期或许还能这样做，但随着业务的发展壮大，业务难以受到监控也无法利用信息化提高效率，因此也并非长久之计。而企业中台的特征之一就是通过模块化的方式灵活处理业务，让品牌能够迅速适应新时代的发展。

3.2.5 高效响应（Effective）

对系统的高效要求应该适用于所有信息化管理要求，这里的高效一方面是指在遇到大并发时的快速处理能力，另一方面也代表着系统在各种环境下稳定的运作能力。在各种状况下都能稳定地保证业务快速平稳地运行，这样的系统能力，我们才认可其高效性。

同时，高效也代表着用更精准的、更小成本的方式达成企业的运营目的。企业中台在数据方面的能力恰恰能够带来这种运营上的高效。传统系统割裂下的人力浪费、数据混乱在企业中台体系内可以得到有效解决，同时依托数据中台的能力，在人工智能的加持下，让品牌在业务发展过程中找到优化路径，通过系统驱动业务以更高效的方式运作。

这种高效，对于品牌的意义是不言而喻的，即能够为品牌节省成本，适应时代变化，促进品牌发展。

3.2.6 系统可扩展（Extendible）

可扩展性是一种对软件系统计算处理能力的设计指标，高可扩展性代表一种弹性，在系统扩展成长过程中，软件能够保证旺盛的生命力，通过很少的改动甚至只是硬件设备的添置，就能实现整个系统处理能力的线性增长，实现高吞吐量和低延迟高性能。

可扩展性对系统来说非常重要，对品牌发展有着重要意义。如果应用系统内部是铁板一块，例如严重依赖数据库，系统达到一定访问规模，负载都集中到一两台数据库服务器上，这时进行分区扩展伸缩就比较困难。而企业中台采用分布式服务架构，通过中间件实现数据库能力线性扩展，从而解决可扩展性问题。

系统全面、开放、快速、灵活、高效、可扩展这些企业中台特性恰恰是在智慧零售时代发展下不断优化完善出来的，这些能力构成了品牌智能化发展的支柱。具备 COFFEE 能力的企业中台，能够有效支撑品牌业务发展，成为打造智慧品牌的有力支持。同样的，品牌在进行企业中台选型时，也要从这些方面考察中台特性，构建中台时要考虑并满足这些特性，才能真正为企业发展服务。

3.3 企业中台重构“人、货、场”的数字化运营

3.3.1 消费者的精细化管理

3.3.1.1 企业会员痛点分析

在新零售趋势背景下，重构人货场是常谈之题。人是新零售重构的首要因素，我们需要在当前趋势变化下重新认知消费者的当前需求以及我们的目前现状。

会员运营核心痛点

以前针对会员的管控可能更多地局限于会员分级，划分不同权益。由导购个人为中心进行会员运营。痛点问题十分显著，会员黏性更多依附于导购本身，而企业的初始目标自然是希望会员对品牌本身进行认可和附着。并且由于导购对自身精力分配的抉择，通常知会选择部分他们认为具有购物能力的客户进行维护。在这期间，大部分拥有潜在价值的会员实际是处在沉睡状态。由此因为传统信息化建设管理的局限性，我们很难把会员运营的重心放在以品牌为核心的管理之下，并且会员资源运用不充分，造成很大的资源空置问题。如何把会员运营从导购为核心转移到以品牌为核心，建立品牌会员黏性，而不至于会员跟着导购走（还是所有会员资源中最突出的优质会员），是目前企业需要解决的痛点问题之一。再来就是除了那部分突出于表面的优质客户，如何把放置于一旁的更大比例的沉睡会员运营起来，使其真正产生消费价值和品牌

认知，也是企业需要关注的重点。

线上线下割裂

运营策略传统

在当前市场情境下，消费者的购物观念开始发生转变，或者说是消费理念升级。以前大家更多在讲性价比，而如今会把关注度放在产品品质和设计风格上。以鞋服行业为例，消费者述求愈加多样化，各情景场合下对着装均有不同要求，甚至针对不同心情和时段还会有不同风格搭配。基于这种个性化述求，产品的设计风格与品牌调性的表达显得尤为重要。而传统以打折促销为核心的运营策略将逐渐失去市场，企业更多的是要从内容营销和品牌价值传递入手。结合当下的各种内容平台进行新零售运营。

会员信息数据割裂问题

有别于传统线下运营思路，目前会员流量入口更多的是放在线上。线上具备的明显优势在于跨空间跨时间，真正可以做到全地域全时段的运营吸粉。但是在这种运营方式下会员会从多平台多渠道涌入，企业面对的首要问题就是会员信息的重叠和消费记录的割裂形态。如何通过有效手段进行有效的信息统一和消费数据归纳也是当前关注重点。

线下交付体验困乏

单纯地线上线下独立运营在新零售冲击下不再具备优势，如上一问题所谈，我们现在更多的是以线上为流量入口，线下为交付场景。那么

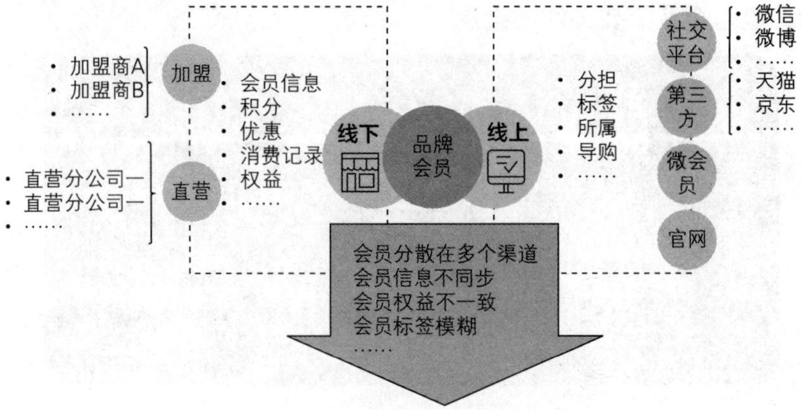

会员分散

线上的流量入口如何吸引流量，流量来了通过何种方式引流到线下，线下交付场景如何布局？这些也是目前品牌企业面临的新零售转型痛点。

3.3.1.2　会员中台解决链路

会员运营核心转移

首先解决的问题在于如何把会员运营重心从导购本身转移到品牌之下。

针对这一问题首先是搭建线上会员门户，整合会员资源，建立一个可随时触达沟通的会员运营生态圈。而会员门户目前的选择可以是 PC 端和移动端，PC 端更多适用于品牌内容调性的推广宣传，而互动运营平台更多的是搭建于移动端，个中缘由各位一想便知，就不多做赘述。

而门户平台的选择性也呈现多样化，天猫、京东、微信等平台都可以搭建不同属性的门户平台。企业可根据自身情况进行针对性选择。比如本身就具备社交属性的微信端就是一个不错的选择，门户搭建在其上可以借助会员本身的人脉属性进行会员拉新运营，借助中台中的营销中心设定规模化的流量拉新政策。并且门户上的所有会员资源可根据分布位置下发到各区域进行专属性的服务管理。那么首先解决的问题就是把会员运营核心转移到品牌之下，通过会员门户可进行统一的内容触达和应用管理。下发到各区域导购的会员专属服务是通过移动端 APP 或公众号为媒介进行触达的。客户的黏性更多依附于数字化媒介本身而不是导购的私有社交圈。相当精准地解决了会员黏性的依附问题。

其次是我们说的会员整体资源利用，除了企业本身通过会员门户可对全会员进行统一运营外，经过数字化媒介下发导购的会员运营任务是可具备指标性和完成率的，而且会员专属服务将更加具有全面性和主动性，更能均衡有效化地利用起会员资源。

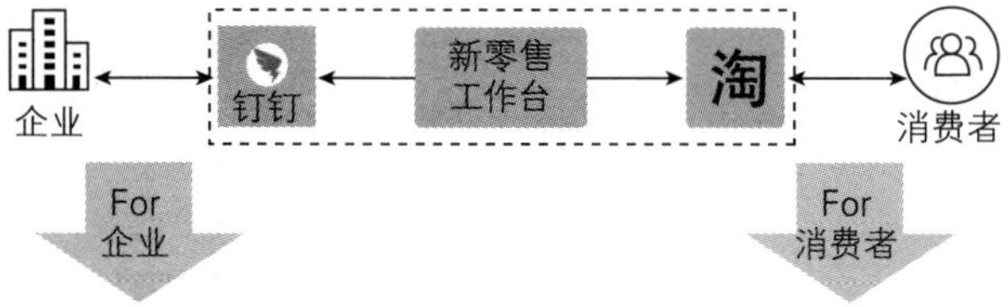

打通“钉钉 + 手淘”的新零售工作台

营销转型方向

第二个问题在于如何进行有效的内容营销，如何筛选可选择的运营方式及平台渠道。

除了微信官网等自运营渠道之外我们还可以借助第三方平台赋能进行合作式运营。目前运营效果比较突出的如阿里的数据银行、天猫的 PASSPORT、京东的无界零售，或者是直接以内容形式为主来吸粉的抖音、微博、知乎等等。

首先针对电商巨头推出的合作式运营，如阿里数据银行，我们可以先预设自身品牌针对的客户标签和画像，然后通过中台把数据传输至数据银行。阿里会从自己本身沉淀的流量资源中进行大数据分析筛选，把符合品牌标签画像的客户拎出来进行触达。触达点并不只局限于电商平台，诸多如高德地图、滴滴出行、OFO 共享单车、新浪微博等渠道都可作为触达点，多样化的触达渠道将更加精准地打动消费者。触达完成后通过中台进行触达反馈分析，从而了解到品牌潜在客群更多的是分布在哪个平台，日后直接式的内容营销通过哪里可以更加有效率和精准性。

讲完数据银行我们也可以聊一聊 PASSPORT 和无界零售，两者都是以自身平台流量为基础建立品牌运营号，品牌企业可以在上面进行上新、促销、活动等运营。品牌号下面也会基于 LBS 定位附着该品牌在消费者周边的实体门店分别位置，从而更加科学精准地进行引流。并且消费者通过 APP 端获得的会员码可通用所有品牌，不必一个品牌持有一张会员卡，统一式的会员支付方式和权益积累方式带来更好的购物体验。购物付款时付款码还具备优先识别优惠促销券的能力。

马克华菲智慧门店图

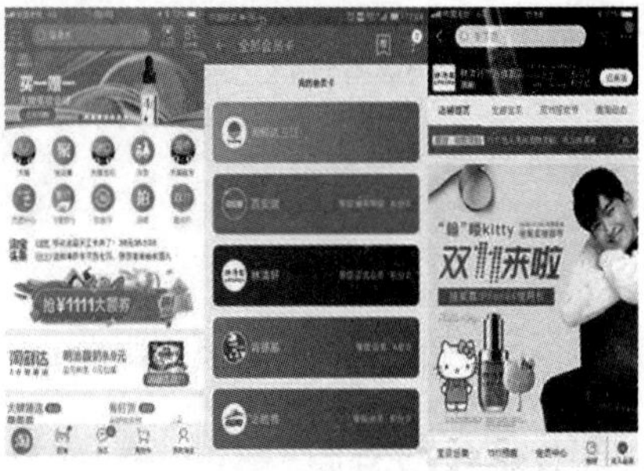

林清轩智慧门店

总结优势的话，以购物属性为主标签的流量自然可以达到更高的转化率。

会员数据清洗

第三个问题我们把着重点放在会员数据的唯一性和精准性上面。面对多渠道多平台的流量数据涌入，我们需要做到逻辑统一的数据清洗整合。以目前比较通用的解决方法来讲第一点是识别其有效的唯一会员 ID。经过百胜软件与多个客户的实际需求调研与沟通，我们认为以收货人手机号做唯一 ID 将更加合理科学。订单商品最终的收货联系人一般是产品的实际使用者，针对他来做后续的营销触达无疑可以更加有效地进行转化。并且手机号也具备唯一识别性。从各平台流入的消费记录数据可根据该唯一 ID 进行中台处理逻辑下的数据叠加整合。从而形成精准统一的会员数据积累。并且根据后续的消费行为轨迹自动分析出该会员的标签及画像。关于会员的自主精准营销分析皆从此数据基础上进行运营。

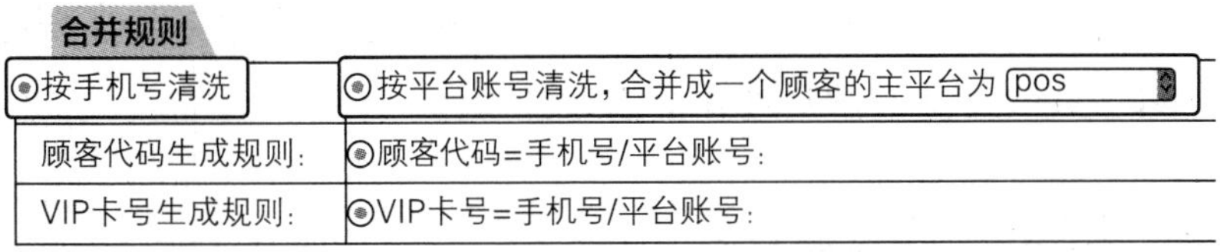

会员整合

线下交付场景升级

第四个问题着重于线下会员交付场景的搭建与升级。前面我们介绍了各种营销策略及营销方式，目的在于如何吸引具备该品牌潜在消费倾向的流量聚集。后续也分享了一些引流方法和路径。那么在流量沉淀到线下之后的交付场景成为我们最后要谈的一个重点，目前新零售领域把这种交付场景升级称之为“智慧门店”。

如人脸识别体系下我们可以从顾客进店开始就进行信息识别记录，非会员情况下我们可以记录客流动线及流量统计，根据热力动线图进行商品陈列布局等调整。已是会员的情况下绑定人脸可在入店初始就拉取到历史消费数据及动态标签画像，帮助店员进行精准导购服务。

全渠道交付

而魔镜体验系列则可以让穿戴类产品行业直接性提升客户消费体验。从中台内部直接对接商品数据和图片到应用后台。前端硬件则可以即时采样生成人体模型，再把处理好的产品样图直接套入模型进行试穿体验。消费者可关注公众号进行分享保存形成消费运营链路。

除了以上两点外还会有人脸支付、智能云货架、RFID 识别、电子价签等多种升级方案。除增加门店管理效率和运营优化之外，还可提升顾客体验，同时塑造品牌科技化前沿调性。

3.3.2 商品的可视化运营

3.3.2.1 商品的多类目管理

我们知道类目和属性的管理是商品管理的基础，平台商品设计的目标需要能支持多种不同品类商品的灵活构建，通常思路是采用商品类目属性体系来打造。但是面对于多品牌、多品类客户时，信息系统往往无法满足。

目前淘宝、天猫在线的商品数量超过数十亿，如何帮助用户快速、精准地找到他想要的商品呢？阿里通过建立一套完整的类目属性体系，很好地解决了这一问题。

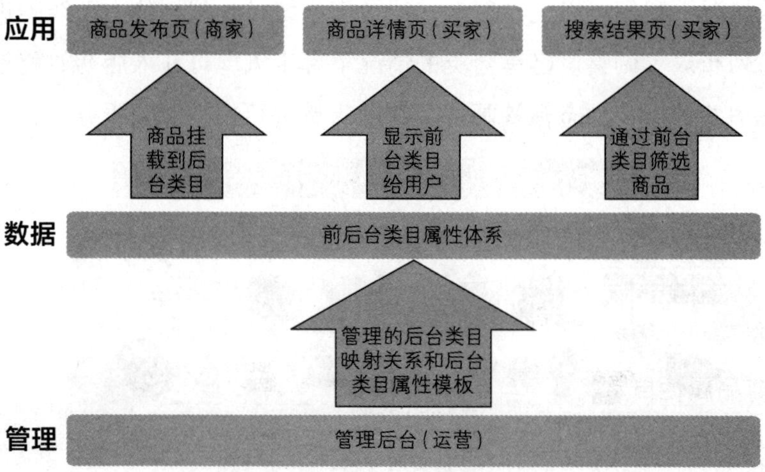

淘宝类目体系

从图中可以看出，淘宝类目属性体系是一个非常基础的数据服务，在商品发布页上商家选择后台类目上传商品信息，详情页上以面包屑的方式给用户显示商品所属的前台类目，在搜索结果页上让用户根据前台类目筛选商品。最终实现通过一个管理后台来管理前后台类目之间的映射关系以及后台类目的属性模板。

3.3.2.2 商品的多属性管理

商品的属性往往存在不同维度，有些属性是商品维度，有些属性是SKU 维度，甚至不同渠道间存在对于属性定义的不同。企业可面临多品牌经营，我们需要系统能对属性进行更为灵活的配置。

那么我们通过什么样的规则来建立商品的属性呢?

我们需要在系统中建立一套标准的属性库，在该系统中无论前后端属性如何应用，类目的属性都是直接调取属性库中的数据，而属性通常通过三个维度来搭建，即产品属性、营销属性和通用属性。

产品属性：用于定义行业专有性，能够满足浏览专业度需求，这些属性是产品本身具有的，是有一定行业标准来进行规范化的。比如鞋类，买家关注的属性会有尺码、面料和防水性等。

营销属性：可满足前端用户浏览需求，以非标准类行业为主。比如服装类目，女装会有风格属性，小清新、韩版、欧美、街头、复古。这些属性并没有一个特别严格的衡量标准。

通用属性：是几乎所有类目商品都会涉及的，比如最常见的尺寸、重量等通用属性。

当属性库搭建完成后，就会被各个叶子类目调用，在前台便充当起了导购属性、描述属性、系统属性的角色，商品就有了载体。

商品属性自定义

企业搭建信息系统时候通常会预设商品的多属性内容，以方便添加商品时设置商品属性。但随着业务的扩展，品类的增加或者是统计分析的需要，可能随时要在商品或 SKU 层面增加更多的属性。通常在这种情况下，我们需要 IT 人员增加数据库字段，然后对前后端页面代码进行更改，经过测试确认后，最终将代码更新到生产环境。而现在通过企业中台，我们只需要运维人员直接在后台对相应属性内容进行新增操作，即可轻松实现商品多属性的管理。

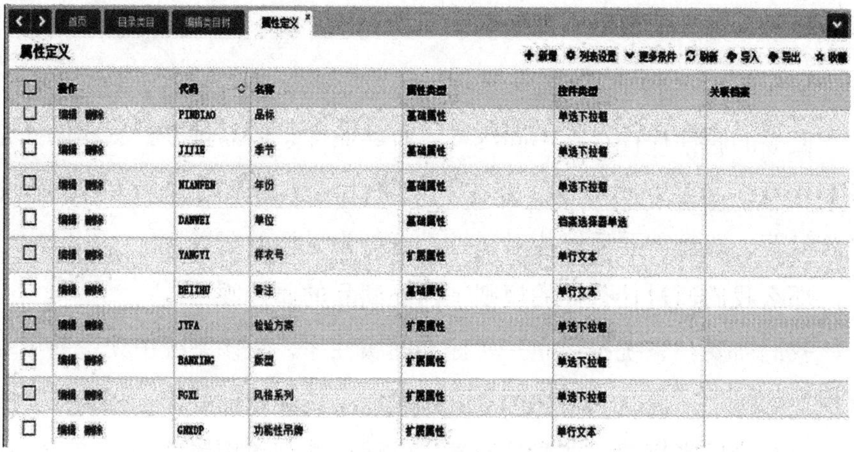

商品属性自定义

商品属性模板

有了属性定义，如何应用到对应商品？对比我们提出了商品对应属性模板。我们对商品对应属性模板进行定义。原来我们有些属性是商品维度，有些属性是SKU维度，商品属性模板可根据商品特性特点直接进行归类。

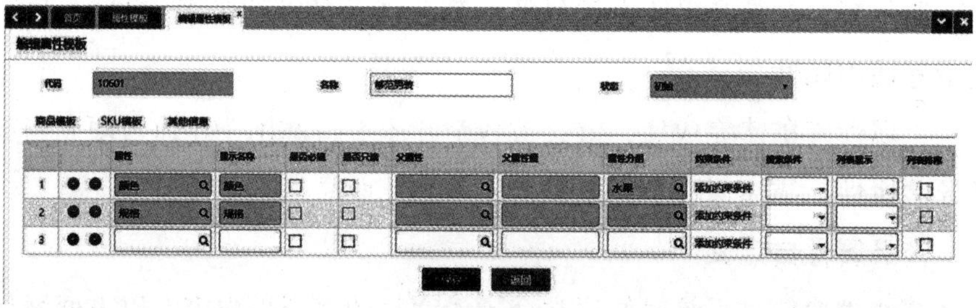

商品属性模板

商品的动态属性（标签）

通过动态标签规则进行配置，转而由系统自动化任务驱动。原来需要线下去统计销售情况，现在由系统的规则动态计算，从而自动判断该商品在这段时间内商品属于畅销品，相应地与系统后端的配补货策略、生产计划以及市场活动进行关联。如果判断为滞销品，可对应进行一些促销活动或陈列的改变等。

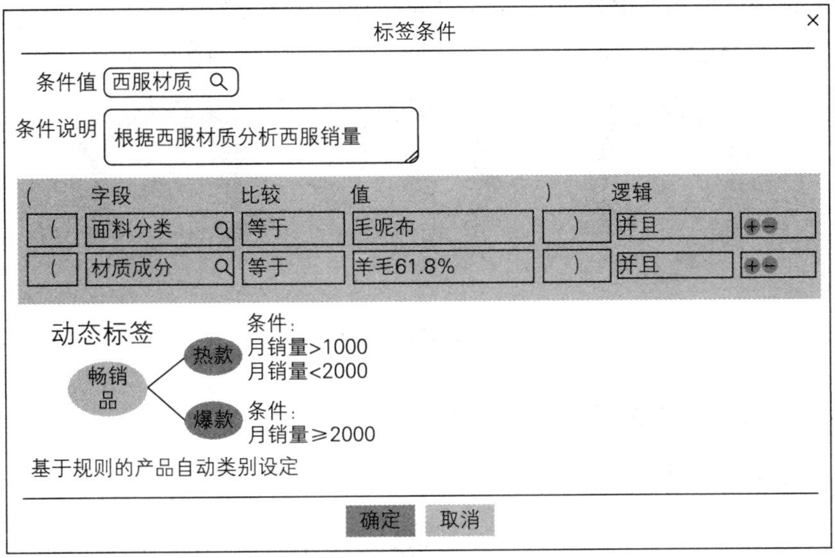

商品动态标签

3.3.2.3 商品的可视化数据化分析

商品分析的主要数据来自销售数据和商品基础数据，从而产生以分析结构为主线的分析思路。主要分析数据有商品的类别结构、品牌结构、价格结构、毛利结构、结算方式结构、产地结构等，从而产生商品广度、商品深度、商品淘汰率、商品引进率、商品置换率、重点商品、畅销商品、滞销商品、季节商品等多种指标。通过对这些指标的分析来指导企业商品结构的调整，加强所营商品的竞争能力和合理配置。

要建立一个分析模型，有三个构成因素，即维度、指标和分析方法。维度指明了我们要从什么样的角度进行分析，也就是分析哪方面的内容，比如商品、客户等。指标指明了我们对于这个维度所要进行分析的点，比如数量、周转率、连带率、售罄率、毛利率等。分析方法指明了我们用什么样的方法去分析处理这个维度的指标。

商品是零售分析的最细维度之一，大部分的指标都依附商品来做明细的记录，同时很多维度也是通过商品进行交叉分析。

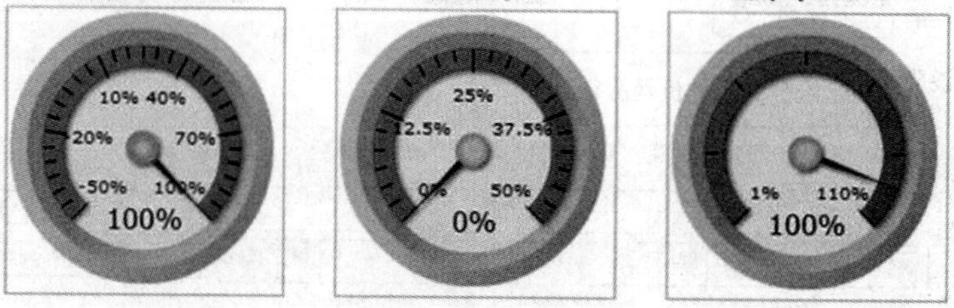

商品的可视化分析

3.3.2.4 商品的数据化运营

智能配补货

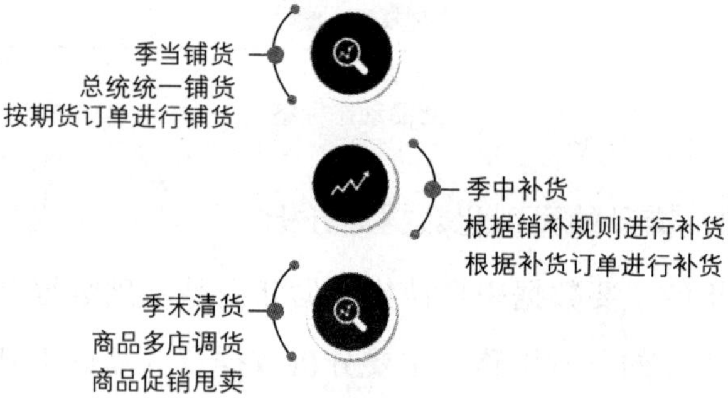

智能配补货

企业在门店经营过程中，定期需要对门店进行配货补货操作，大多数企业配补货由区域负责人/门店负责人根据实际销售情况和经验进行判断，从而产生配货补货需求。做到这点需要该负责人对在售商品、门店经营情况以及消费群体非常熟悉，并且有良好的预判能力，从而判断需要配补货数量。但实际的情况是负责人同时管理多个门店，店内商品众多，并不是所有负责人都能对每个门店的商品销售情况完全掌握。这就需要有一套系统能够对经营状况进行自动化分析，让负责人对配补货数量做出准确判断。基于中台的商品动态标签能力，能很好地解决这个问题，通过对历史数据的统计分析，计算判断商品畅滞销情况，最终对所有商品进行动态标签打标。根据系统逻辑自动形成配补货需求数量，负责人需要做的就是根据未来一段时间内的节假日、店促活动等实际情况进行简单判断，调整配补货系数，从而实现精确的配补货操作。

全渠道库存整合

我们经常会遇到消费者需求与实际库存供应不匹配，一面在电商平台大促期间爆仓，一面门店库存积压，各渠道之间的库存不透明，难以互相调拨，统一运营。对于中大型品牌，还可能在淘宝存在多级代理分销体系，商业关系复杂，分佣分账极易产生纠纷；对品牌企业来讲，库存周转慢，备货率高，资金积压。所以，很多品牌企业的线上线下两盘货都会面临库存周转效率低、渠道利益冲突、消费体验不一致等诸多问题。

随着新零售的兴起，不少企业开始探索全渠道业务，而开展全渠道业务的基础便是要打通线上线下库存。通常来讲，企业会有大仓、云仓、自有电商仓、门店等不同的地方来管理库存，如何将这些库存进行整合，并进行高效的管理，分配至各销售渠道进行销售，是企业打通全渠道库存的关键。

百胜中台为企业提供打通全渠道库存的台解决方案，主要提供以下能力：

（1）线上线下库存无缝打通，门店库存参与到线上销售的订单履行体系中，支持线上订单的门店自提/门店发货，降低门店库存压力，提高门店库存周转率；

（2）通过门店自提的订单履行方式给门店引流，结合相应的消费者互动和营销手段，提高消费者复购率，进而提高门店销售额；

（3）全局库存可视化，优化企业全渠道库存周转，降低缺货/订单履行率，提高用户体验，避免用户流失，提高库存周转率。

3.3.3 渠道的智慧化管控

3.3.3.1 新零售下对于渠道的运营诉求

随着新零售时代的来临，线上线下融合的融合正成为影响品牌方发展的重要因素。新零售需要企业在卖货的同时还要给消费者提供更好的服务、更好的内容及更好的体检。这对品牌方的渠道建设提出了更高的要求。

企业通过什么样的方式，去赋能线上销售及门店，把各个接触点作为真正的消费者洞察渠道，把各个渠道积累的各项数据合理地加以利用作为企业的核心数字资产，是新零售时代下的当务之急。不管线上线下，只要掌握数字化的能力，就能具备对顾客的掌控力。

3.3.3.2 企业中台赋予渠道运营能力

在数字化的驱动下，渠道的变革有了新的发展空间。品牌方对原先碎片化的渠道和系统数据进行整合，站在全网营销的视角下，使得全渠道会员通、商品通、服务通变得可能。不管消费者是在线下实体门店，还是线上第三方平台，或者是APP、移动端、小程序上产生了交易，品牌方都可以实现多平台支持，全流程跨平台处理，给消费者带来一致化的购物体验。

举例来说阿里的盒马鲜生，它覆盖了门店周围3千米的居民及周围上班的白领。盒马能够记录每天来线下门店购物及线上APP下单的人，他们的购买记录，浏览行为，商品喜好，购物评价都被记录下来，他们是谁，浏览了哪些商品，购买了哪些商品，浏览商品的路径及停留时间等都被数字化。这样使盒马营业额爆发式的增长，但目前大多数品牌方要么是没有进行数据的采集，要么没有数据的整合做合理化处理。

无论是线上还是线下，零售的本质都是一样的，线下有着自己的优势，现在很多技术都已经成熟，譬如人脸识别、WIFI技术、LBS技术、RFID技术、物联网技术等，这些技术目前的成熟度已经足够帮助我们

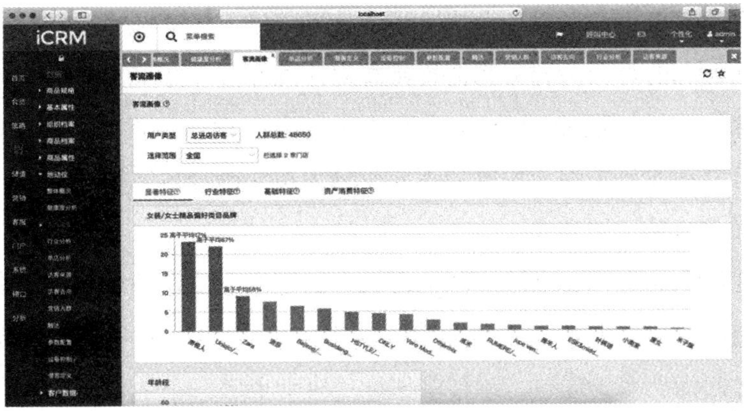

地动仪数据分析

去采集很多以前没有办法获取的数据，让我们更好地去感知消费习惯，预测消费趋势，给消费者提供多元化、个性化的产品及服务。从商家运营的维度来看，渠道的数字化融合使得品牌方可以从全局的视角实时了解到每个渠道的商品情况，通过缺货率，周转率把渠道和工厂生产结合起来，从而优化整个产业链。

新零售中订单效率一直都是困扰品牌的问题之一。不同渠道间的割裂关系导致了品牌订单无法从最高效的渠道发出。传统线上订单往往固定地从品牌电商仓发出，这样做看似方便、统一，但却是低效的。如果消费者所在城市存在有货门店，为什么不从所在城市直接发货呢？一方面降低了物流成本，另一方面缩短了消费者的收货时间，提升消费者体验。

复杂的渠道关系，僵化分裂的系统造成了这样无效率的订单模式，因此在智慧品牌盛行的当下，我们强调企业全渠道订单履约，而传统系统没有办法支持这种新型业务。随着企业线上线下业务的同步发展，会涉及多种全渠道业务场景：线上下单，门店发货；线上下单，门店自提；线上领券，门店消费；线上预约，线下体验……全渠道场景这里不做赘述，简而言之，线上线下的城墙越来越不明显，任意购买渠道、方式都能够和任意交付渠道、方式连接。

企业与渠道利益重新分配，将决定着新零售模式能否顺利推行。必须保证订单的每个参与方都能得到相对应的利润，才能使各方积极地推动和执行。我们把 O2O 业务订单结算分为运营方、货权方及发货方，根据三方在业务中参与程度的不同，分为按业绩分成、按利润分成和按视同买卖结算三种方式。

通过企业中台，能够实现销售机会的把握，防止销售机会丢失。不同渠道的库存能够通过中台整合。如果渠道 A 卖出了商品，渠道 B 能够实时同步，减少库存，这样既保证了企业能够在各个渠道上架足够的库存，又不用担心各个品牌间的超卖现象。实现全渠道库存的可视、可控。这样，就减少了跑单的可能性。另外，实现商品库存规模降低、优势陈列合理商品结构。企业中台是从全局出发的，能够从更高的维度来看品牌企业整体的库存调配，大数据和人工智能也能有效帮助企业制定优化的商品结构。所以，通过这种方式，盘活了商品库存，也能够提高预订单的精准度和导购服务效率，提升消费者购物体验。

第4部分

企业中台助力下的智慧零售

4.1 智慧零售时代的新会员

4.1.1 会员：智慧品牌的新型资产

我们高举着“以消费者体验为中心”的大旗，自然少不了对会员的关注。对会员的理解也在随着时代发展而产生变化，以前会员存在于信息记录中，如今，人们对会员的理解扩大化，更多采用“泛会员”概念，这里包含了更大的会员范畴，支付即会员，访问即会员，入店即会员，但凡是和品牌产生关联的，都可能成为品牌的会员资产，即便今天对方没有在品牌消费，通过品牌的会员营销，未来就可能成为品牌的忠诚用户。

已经消费的，要更关注单客价值；没有消费的，要想办法让对方为品牌买单。这个泛会员的池子，就是品牌的新型资产，不断为企业创造价值。

4.1.2 会员的吸引与识别

为了建立起会员池，会员吸引就成为首先关注的事项。

从门店角度来说，会员搜集也是门店关注的核心问题之一。然而品牌方谈论起这个问题时总会感叹，搜集会员说起来容易，做起来难，这是一件漫长且需要持续的工作。

传统的会员搜集做法一般是会员结账的时候，导购询问是否需要办张会员卡，可以积分打折，这种搜集办法的达成率据品牌方数据推算一般在 25% ~30% 之间。

那么，为何达成率这么低呢？主要有以下几个原因：导购没能把会员权益有针对性地快速准确地表达出来；会员权益本身的不完善性；导购对于会员搜集这件事情的主动性不够。

其实，在会员搜集的过程中有两个重要的角色：执行人和被执行人。执行人是导购，被执行人是消费者。当这两个角色的利益都能实现的时候，这件事就可能做好。

那么会员搜集工作做得不错的企业是如何操作的呢？

在某快时尚品牌，商品客单价低，款式齐全，采用集合店模式，目标客户群体非常广，店内客流量大。他们会员搜集是这样做的：

首先，门店摆放显眼的 POP 广告：加入会员，首单享受 9.5 折，计入积分并可以兑换现金或者礼品。

当消费者在试衣的时候，导购会过来主动提供试衣服务，并且询问："小姐，您是我们的微信会员吗？会员可以享受首次 95 折，不仅可以累积积分而且可以兑换现金券或者领取礼品呢。"

简短的三句话，告知了消费者会员权益，让消费者对会员的权益有了概念。

当消费者付款的时候，收银员问的第一句话是：您是我们的微信会员吗？并且以同样的话术告知消费者会员权益，指导注册会员，让其享受会员优惠。

迅速，明了，整个过程大概不到 30 秒，不仅会员得到了实惠，品牌也搜集到了会员信息。更重要的是，这样的一套流程是一视同仁的，导购对每个消费者都是同样的表达。

那么，为什么在这里会员搜集的执行力这么强呢？

在和品牌经理的沟通中发现他们有一套自己的管理办法：在员工上岗培训中就明确搜集会员是他们的工作内容，并安排了考核制度；安排标准的话术培训以及流程指导；安排督导巡店，三次未做到会员搜集，开罚款单。

在这样的会员管理中，对导购不仅有制度考核，还有奖金利益分享，那么导购就有动力和压力去完成会员搜集工作，做好会员搜集答案就是如此简单，在实际操作中，企业其实就要做好以下几步：

首先，制定足够吸引会员的会员制度。

其次，内部企业培训中有明确的话术，FAQ，用于导购上岗培训。

最后，制定明确的会员搜集执行流程以及制度，将会员搜集这项工作融入导购的日常工作。

通过完善这些细节，就能在会员搜集上产生显著的成效。

然而，这些都集中在门店传统搜集上，这些做法经过长期实践验证是有用的，但市场变化飞速，渠道更广，更有智慧理念的品牌自然不会局限于此，通过线上的方式我们有更多吸引消费者的方法。互联网无处不在的时代，对于品牌方来说，所有可以透出品牌LOGO的地方，都有可以搜集会员的这个入口，也就是我们所说的二维码。

那么我们来思考一下，都有哪些渠道入口呢？LOGO透出的每件商品标签、品牌文化宣传、走秀场所，或者精细到每场线上线下活动，这样我们可以对搜集来的会员赋予不同的标签属性，将不同渠道的会员进行数据融合之后，品牌方能够更精准地了解到会员的全貌。

即便是在门店内，我们通过人脸识别等技术让导购第一时间“认出”品牌会员，识别消费者，有针对性地吸引消费者。

互联网技术，大数据技术，AR技术的成熟，使得消费者的购物场景被不断丰富。因此，在会员的吸引能力上，如何更加有效地获取会员信息在智慧零售时代为我们提供了更多手段。对于品牌方来说，无论是线下渠道，还是线上的任何一个渠道获取的会员信息，甚至是一些潜在的未购买的（商城浏览的，线下门店未购买的）都是我们品牌的财富，都能为销售额做出贡献。

4.1.3 全渠道会员管理

对品牌而言，会员服务最终是为给消费者带来更好的购物体验，消费者的诉求无非是以下几点：

会员特价商品，让会员更实惠。通过针对会员的权益价格、活动来吸引消费者，对低价的追求让消费者的心态产生了直接的变化。

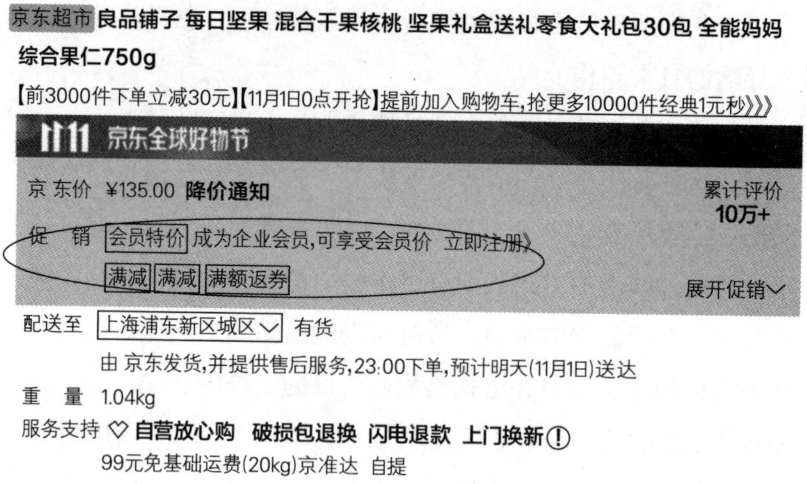

京东 PLUS 会员特价

会员尊享服务权益，让会员更开心。某运动品牌，推出品牌会员限量运动鞋，而且指定码数，指定尊享价格。甚至有些活动日，他们会推出积分兑换指定运动鞋的活动。

会员增值服务，让会员更幸福。某运动品牌组织会员进行社群活动——跑步、健身，参加马拉松、自行车比赛等活动——对比赛优胜团队给予一定的奖励。通过这种方式不仅可以聚集品牌人气，还可以贴近会员的生活。

会员管理需要关注以下内容：

会员营销关怀

通过系统所收集的会员信息，品牌方能够进行节日关怀、生日关

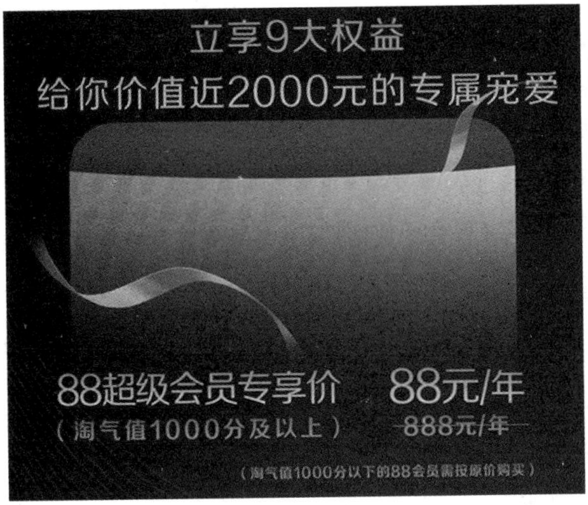

淘宝 88 超级会员尊享服务

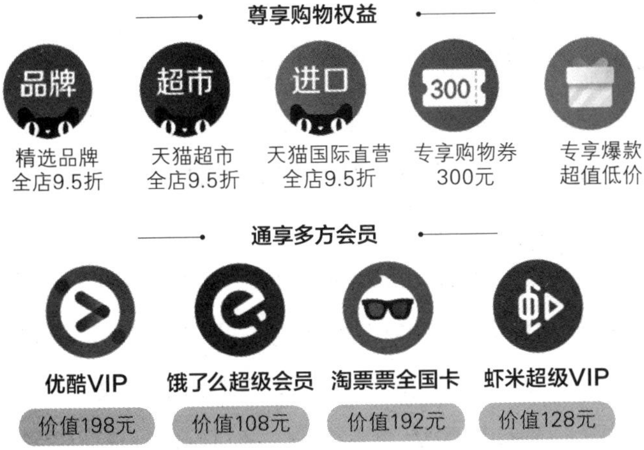

天猫 88 会员尊享服务

怀、优惠券的发送等。这就是我们通常所说的一对一的营销关怀。同时，会员进行归属之后，导购可以看到此会员的消费记录，进行后续的会员服务做出相匹配的商品推荐，提高和会员的互动黏性，增加会员复购率。

统一会员积分

会员无论是在线上还是线下渠道进行消费，系统都会自动将多渠道的会员积分进行累计，对于消费者而言不再会有线上消费积分和门店消费积分之分。这就解决了企业多渠道会员积分不统一，消费者积分使用率不高等问题。

线上线下数据打通

对于企业来说，无论是线上还是线下都只是一个销售渠道而已，当我们把这些数据全部融合之后，就成为一个闭环。当会员到店参加活动的时候，不仅可以通过出示手淘会员码完成一键结算，还可以在智能大屏上进行智能搭配选择，线上下单，直接链入到品牌旗舰店或者是官方商城购买。同时，智慧门店通过线上线下数据打通，将会按照订单规则选择就近发货门店。

当然，为了维系和消费者的会员关系，还需要一套行之有效的会员体系。那么，会员体系应该包括哪些环节呢？

等级体系：会员等级特权以及升降保级的设置

升降保级制度不是品牌方随意设定的，需要根据消费者的客单价，消费频次来作考量，换句话说就是要和商品的单价以及品牌复购率相关联。

举例来说，如果客单价在 500 元左右，复购率在 3 次左右，那么将升降级条件设定为金额满 10000 这就显然不那么合适了。10000 元的金额会员得去消费近 20 次，这就失去了设定规则的意义。设想，在品牌竞争激烈的当下，又有哪些消费者会对一个品牌的钟爱程度达到 20 次复购率这么多。

积分体系：积分获取渠道以及使用方式

消费者可以获得积分的方式有：消费记录、签到打卡、互动游戏、生日送积分等。当消费者获得了积分之后，如何使用这就需要品牌方来设计场景。如果是积分兑换礼品的话就需要配有兑换入口。对于高消费群体，他们的积分又该如何设定呢？是不是可以考虑更高黏性的活动，比如停车券，自助餐，异业活动，通过这样的方式差异化的会员营销。

会员入会体系：明确等级制度

会员等级的设定要明确不同等级会员的利益。消费者有了利益驱使才会促进注册，使用和关注。如果少了这一步，那么入会就会受到阻碍。比如热风刚开始微信扫码活动的时候，明确注册立即首单 9.5 折的尊享服务。一个月不到的时间会员注册达到百万级。

会员营销活动：指定群体营销

针对不同等级的会员，营销类的短信内容以及活动内容要有不同的差异。比如节日的活动，针对不一样的会员等级，除了折扣力度不一样之外，赠送的小礼物、积分，甚至享有的权益都可以有差异。

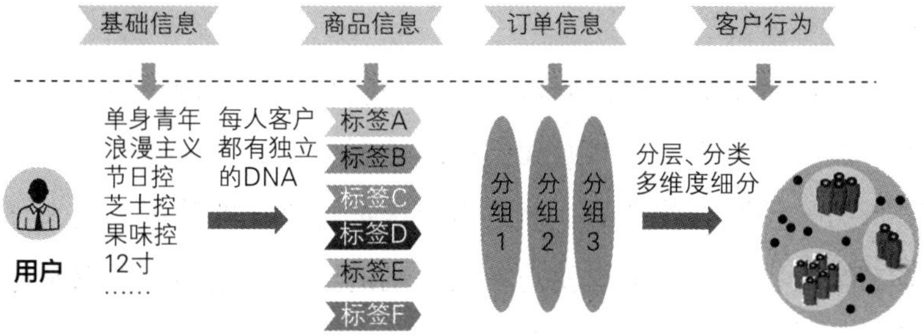

会员的精准营销

站在消费者的角度来说，不同的会员制度体现了会员的尊享服务和尊重感。站在品牌方的角度来说，不同的会员制度确是建立品牌和消费者黏性的一个渠道窗口。通过不同的会员制度，不仅是给会员标签化，规范化，而且让每个企业都应该沉下心来，将企业的会员资产重新梳理。

对于品牌方来说，受众会员是有生命周期的，那么实际我们也可以通过会员的等级制度来对会员做筛选。当会员制度完善后，数据量足够有效的时候，甚至可以用来评判企业产品是否需要升级，会员是否需要重新定义。毫无疑问，这也将是随着企业不断发展而需要不断思考的又一内容。

4.1.4 精准会员营销

搜集会员数据是为了创造更多的价值，那么，如何利用数据创造出销售额呢？“精准营销”似乎能帮助品牌解答这个疑问。“精准营销”不仅可以让会员体验到优惠，更给会员带来一份幸福感。

精准营销，四个字看起来很简单，实际包罗万象。首先，我们得知晓，会员到底喜欢什么——价值？优惠？服务？活动？还是其他？这和品牌的消费层次相关，也决定了受众群体的圈定。作为品牌方，需要客观的思考，目标客户究竟都有哪些类似标签，精细化地数据分析成为投其所好的第一步。

通过后台海量的数据，分析出会员的购物习惯、购物周期、购物商城、购买能力、风格等。然而我们在做数据分析时不应该仅仅针对单个的会员行为来预测推荐产品，而是需要根据标签化的数据大类来预测推送相关文案内容，简单来说就是不同类别的会员推送的文案以及产品都应该是不一样的，而不是统一的模型。

同理，也可以根据会员的消费积累来了解会员的购物行为，称之为购物周期，并根据会员的积分以及购物商场来推送相关内容。比如：会员 A 从购物行为来看，三个月购买一次，那么在马上要接近三个月的时间点立马通过黏性的文案以及优惠或者其他个性化的内容来吸引 A 来店铺。因此分析客户的属性是第一步，这之后才能做出后续的相关营销方案和内容。

在会员事件营销中，触发式营销是有章可循的。每一个数据产生的背后都隐藏着强大的需求，当数据进入符合这个规则模型的时候，就该主动去营销，而不是像传统方式那样，需要进行活动时再去寻找符合规则的会员，这个时候已经丧失了一部分满足需求的会员，长此以往，流失型会员就会不断增加。

我们简单看一下会员营销的推荐模型。

基于人口统计推荐

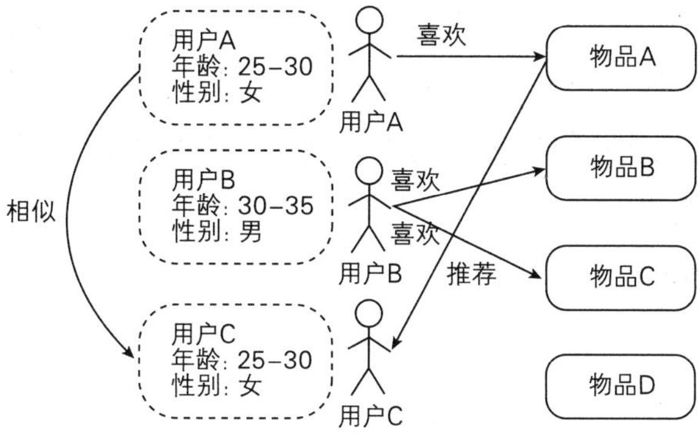

基于人口统计推荐

基于人口统计推荐是当会员具有类似的基础标签、年龄、性别等时的推荐方式，比如 A、B 这两个会员拥有类似的标签，当 A 喜欢拥有某个商品时，我们就可以把 A 产品推荐给 C 会员。

基于用户的协同过滤推荐

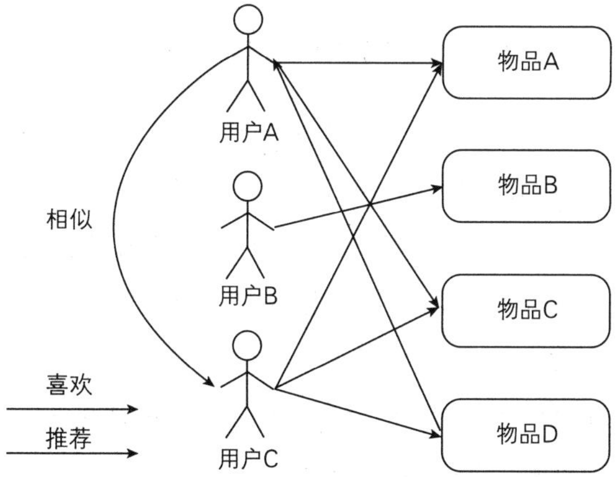

基于用户的协同过滤推荐

从上图可知基于用户的协同过滤推荐机制的基本原理。基于用户协同过滤是会员拥有类似的商品，我们会推荐其他会员也购买类似的商品。它的基本假设是，喜欢类似物品的用户可能有相同或者相似的口味和偏好。假设用户 A 喜欢物品 A、物品 C，用户 B 喜欢物品 B，用户 C 喜欢物品 A、物品 C 和物品 D。从这些用户的历史喜好信息中，我们可以发现用户 A 和用户 C 的口味和偏好是比较类似的，同时用户 C 还喜欢物品 D，那么我们可以推断用户 A 可能也喜欢物品 D，因此可以将物品 D 推荐给用户 A。

基于物品的协同过滤推荐

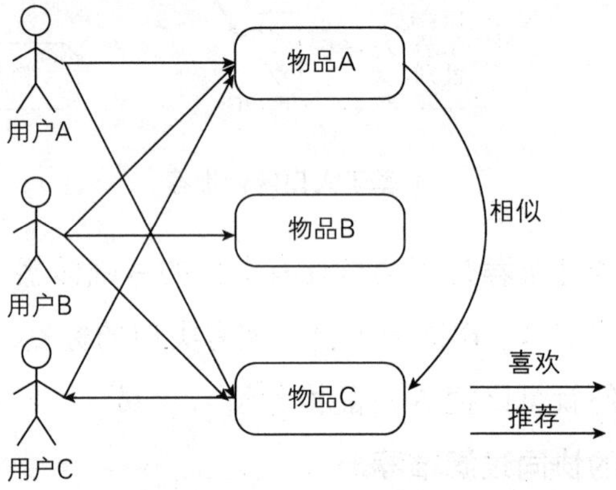

基于物品的协同过滤推荐

基于物品的协同过滤推荐，假设用户 A 喜欢物品 A 和物品 C，用户 B 喜欢物品 A、物品 B 和物品 C，用户 C 喜欢物品 A，从这些用户的历史喜好可以分析出物品 A 和物品 C 是比较类似的，喜欢物品 A 的人都喜欢物品 C，基于这个数据可以推断用户 C 很有可能也喜欢物品 C，所以系统会将物品 C 推荐给用户 C。

在应用中可以根据会员喜好信息形成一个推荐模型，然后根据实时的用户喜好进行预测，计算推荐可能消费的商品。

基于内容推荐

基于内容推荐这个实际讲的是社群评论相关的内容。用户 A 评论了电影 A，新出品的 C 电影和 A 电影类似，那么就会把 C 电影推荐给用户 A。

将会员标签化并进行有效分析后，还需要辅以精准的推送渠道。传

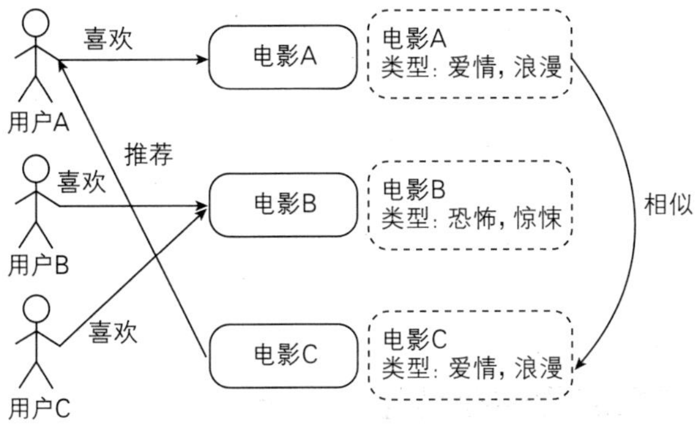

基于内容推荐

统的策略局限在门店活动，商场活动，户外媒体等推广渠道，而互联网时代，我们就需要不走寻常路，通过不一样的方式来传播，引入互联网元素。

总的来说，想要实现精准营销，最根源还是找到精准客户群，将会员分析做到位，呈现差异化的营销内容，再承接上可以落地的活动，落实活动结束后数据整理。这样，最大化会员数据资源，有效提升品牌销售。

4.1.5 新会员与企业中台

毫无疑问，会员中心是企业中台中最为重要的中心之一。透过企业中台的能力，一方面依托线上线下的数据整合能力为会员管理提供基础支持；另一方面，透过各种精准营销算法，为品牌更好地服务会员。

4.2 智慧零售时代的新商品

4.2.1 商品：零售的本质

4.2.1.1 商品分析的定义

商品分析是根据进货数据、销售数据和库存数据，以分析结构为主线的分析思路。通过对对应的商品分析指标来指导公司商品结构的调整，加强所营商品的市场竞争能力及合理配置。

——通俗的一句话就是，按各项指标做出分析后，进行商品的调整。让商品更适应市场，更好卖，以达到商品的最大售罄率。

4.2.1.2 对销售数据进行分析后我们可以做什么

- 了解市场需求；
- 针对性地配送货品；
- 有利于主动调货；
- 预测市场需求；
- 计算安全库存；
- 提前追单补货；
- 提前进行促销（调价处理）。

4.2.1.3 商品分析三要素

销售数据维度

商品销售：销售售分析的最细维度之一，大部分的指标都依附商品来做明细的记录，同时很多维度也是通过商品进行交叉分析。

客户： 客户是销售对象，包括会员。客户所在地和区域有关联。

区域： 区域是省、市、区、地理位置、商圈。

时间： 时间是进行数据分析非常重要的维度，包括公历、农历、周度、月度、季度、年度。

数据分析方法

直接数据的分析： 能直接提取的数据，经过简单地加减乘除后就能有结果的分析。例如，进、销、存 = 售罄率、产销比、销存比等。

间接数据的组合分析： 需要两项以上的分析结果合并组合后才可以得出的结果。例如，店铺销存对比总销存。

销售数据之指标

销售数量——客户消费的商品的数量。

销售额——客户购买商品所支付的金额。

周转率——周转率和统计的时间段有关。周转率 =（销售吊牌额/库存金额）×100%。

周转天数——周转天数 = 库存金额/销售吊牌额。周转天数越长，表示经营效率越低或存货管理越差；周转天数越短，表示经营效率越高或存货管理。

退货率——退货率 = 退货金额/进货金额（一段时间），例如，在一段时间内，客户的退货率、公司的退货率。

售罄率——售罄率 = 销售数量/进货数量。

库销比——库销比 = 期末库存金额/（本期销售牌价额/销售天数×30)。(只有在单款 SKU 计算中可用数量替代金额。整体的必须还是看金额)

连带率——连带率 = 销售件数/交易次数。(也叫连单率)

客单价——客户在一次交易中支付的金额总和称为客单价。客单价 = 销售额/交易次数。

平均单价——平均单价＝销售金额/销售件数。

平均折扣——平均折扣＝销售金额/销售吊牌额。

SKU（**深度与宽度**）——英文全称为 Stock Keeping Unit，简称 SKU，定义为保存库存控制的最小可用单位。

坪效（重点）——就是指终端卖场 1 平方米的效率，一般是作为评估卖场实力的一个重要标准。坪效＝销售金额/门店营业面积（不包含仓库面积）。

促销商品——指促销活动期间指定的商品，其价格低于市场同类的商品，不包含正常降价。基本指公司活动仓货品。

毛利——毛利＝实际销售额－成本。

净利——净利＝去税销售额－去税成本。

毛利率——销售毛利率是毛利占销售收入的百分比，也简称为毛利率，其中毛利是销售收入与销售成本的差。毛利率＝（毛利/实际销售额）×100%。

促销次数——促销次数有宏观概念上的，也有微观概念上的。微观层面上，是表示一个单品在一段时间内参与促销的次数。

交易次数——客户支付一笔交易记录作为一次交易。

期货——所谓期货，一般指期货合约，就是指由期货交易所统一制定的、规定在将来某一特定的。

4.2.2 以消费者为核心的商品生产

当今社会是买方市场，企业想要获取更高的利益就要及时发掘、了解和满足顾客的需求。企业在决定其生产、经营时，必须进行市场调研，根据市场需求及企业本身的条件，选择目标市场，组织生产经营。其产品设计、生产、定价、分销和促销活动，都要以消费者需求为出发点。产品销出去后，还要了解消费者的意见，据以改进自己的营销工作，最大限度地提高顾客满意度，这一切都离不开数据沉淀的支撑。

4.2.3 复杂的商品特性与多元化需求

4.2.3.1 不同时期的商品特性分析

让我们以服装的商品特性为例，时间和地点交割一定数量标准化合约。服装行业上具体指订货会上所订购且分期交付的货长、货品的生命周期。

导入期

- 类别及颜色的比例及主推款销售的情况分析；
- 新旧款占比的合理性；
- 畅滞销款的备货情况以及主推陈列的跟进。

总结：根据实际的货品结构及颜色分布来规划卖场，调整主推陈列是保证新品销售的必要条件。

成长期

- 根据市场反应，对于主推陈列的货品结构做出相对应的调整；
- 畅滞销款的备货库存情况；
- 新旧货占比情况。

成熟期

- 各类别及单款存在的畅滞销款的动销率是否正常；
- 对于各类滞销款做相应的促销推广；
- 货品结榴及对应的库存情况。

总结：成熟期为货品销化的关键节点，是货品动销率提升最快的关键时期。

衰退期

根据当季的货品动销结构图，制订下一季的商品采购计划。商品动销率计算公式为：商品动销率 = 动销款数/仓库总款数

4.2.3.2　商品分析的方向

- 畅销款、滞销款比例；
- 货品结构比例；
- 高、中、低价格比例；
- 颜色比例；
- 货品的季节比例；
- 正价、特价比例；
- 新款、老款比例。

畅滞销款

销售分析：主要采用销售差异分析，就是分析并确定不同因素对销售业绩所能产生的不同作用。

销售占比分析：销售占比主要考察此款货品对店铺总销售额的贡献程度。

一般计算公式为：每类产品销售额/销售总额×100%。销售占比越高，销售得越好，对销售额的贡献率越高。

库销比分析：库销比是一段时间内的平均库存量与销售数量的比率，表示每单位的销售额需要多少倍的库存来支持。

一般计算公式为：库销比＝（期初库存数量＋期末库存数量）/2）/本期实际销售数量×100%来计算。库销比越高，说明该类商品库存量过大，销售不畅；比率过低，说明该类商品库存量不足，需要补充库存。

上市天数分析：服饰产品的生命周期比较短，要时刻关注产品的销售状况。如图1所示，此款货品在上市初期时销量较小，在1周左右的时候才开始进入生命周期的成熟期，随后销量开始逐步下降。试想两款销量相同的产品，其上市天数却相差1个月，那么上市天数少的说明销售情况更好。

综合分析：在进行畅滞销款的分析时，从时间上一般按每周、每月、每季；从款式上一般按整体货品组合或单款来分。

货品的流转率——货品调配

流转方式：通过货品在店铺之间销售数据的对比，可以为货品调配提供依据。

流转天数：流转天数是一定时间内的库存数与平均每天的销售数的比。

计算公式为：库存数/日平均销售数。

货品的流转天数越小，说明货品的周转速度越快，销售越好。流转天数可以计算出按照当时的销售趋势，货品可销售的天数。管理人员可以根据各款商品的流转天数，对该款商品进行调补货。

综合分析：可以通过某一时间段内所选定的店铺之间的销售、库存、流转天数的对比分析表格来做多店之间的货品销售数据分析管理。在货品的选择上，选择上市时间差不多的款式。

服装店铺店员个人销售能力分析

店员个人销售业绩分析（不仅可以看出个人的销售水平和工作积极性，还可以判断出团队协作意识和店长的管理水平。）

平均单价分析：平均单价是销售金额与销售数量的比值，能直观地显示出店员的销售技巧及顾客的消费能力。

计算公式为：平均单价 = 销售金额/销售数量。平均单价越高，说明店员的销售技巧越好或店铺所在区域的顾客消费能力越高；平均单价越低，则反之。

客单价分析：客单价即平均单票销售额，是个人销售业绩和店铺整体销售业绩最重要的影响因素之一。

计算公式为：客单价 = 销售金额/客单数。其中客单数是实际发生交易的小票数，要减去退货后的最终小票数。客单价越高，表示店员的销售能力越强或顾客一次平均消费额越高；客单价越低，则相反。

连带率分析：连带率考察的是员工的连带销售能力和店铺整体货品

组合水平。通过连带率的分析有助于了解货品搭配销售的情况、客人的消费心理及检讨店员附加销售技巧。

计算公式为：连带率＝销售数量/客单数。连带率越高，说明店铺整体货品组合越合理，店员的连带销售技巧越好；连带率越低，则反之。通常连带率在1.7～1.8间是不错的，如果低于1.3，则说明店铺整体附加或店员个人附加存在严重问题。

综合分析：在对店员进行绩效考核时，可以选择以周或月为单位，以销售额为基础，综合考察平均单价、客单价及连带率等指标。

4.2.4　商品个性化定制能力C2M

C2M即顾客对工厂，C2M模式允许消费者参与到产品设计、生产过程中，当消费者无法找到满足自己需求的产品时，可以直接下单给企业进行私人定制。这种模式将消费者规模巨大且相互之间割裂、零散的消费需求整合在一起，以整体、规律、可操作的形式将需求提供给供应商，从而将“零售”转化为“集采”，为厂商带来大量商机，能够大幅度提高工厂的生产效率和资产、资金周转能力，消除库存风险。

在C2M模式下，传统企业即将进入智能化个性生产模式，客户可以根据自己的需求在工业互联网平台上发布自己的产品需求，也可以通过智能搜索，寻找到能够加工自己产品的企业。这种企业是以客户的需要为中心，进行产品的定制化生产的，不仅节省了产品的流通环节，也节约了企业的生产成本，流通环节逐渐消失。

新一代的年轻客户群体更加注重生活的品质和效率，因此产品流通环节会逐渐淡出历史舞台，整个产品的生态产业链会变得更短，原有的设备生产商、软件开发商都会发生重大变化，很多商家可以更加直接地向客户提出产品生产解决方案。

中间环节的衰退，会导致一部分产业的消失，也会激起另一部分产业的兴起，存活下来的中间环节能够为庞大的数据提供增值服务，以更加快捷的方式，进行企业间的数据信息传递。从产品的设计开始到最后的产品销售，形成一个全新的产业链。

随着移动互联网、物联网、工业大数据、智能制造的长足发展，制造业进入了工业4.0的时代，基于现代信息技术所变革出的以客户为中心的C2M（客户到工厂）商业模式，以其更好地满足新时代的“小批量、多批次”的制造需求，在现代的制造业企业中获得了越来越多的成功。

4.2.5 商品打造与中台能力

基本来说一个商品中心，在完整的“大中台”基础上，只需根据产品特性，做出相应的模块增减，设计具有特色和适应性的“小前端”，就可以满足绝大多数的业务需求。所以一个遵循绝大多数的用户习惯，可快速推进和迭代，同时能节约开发成本的“大中台”与差异化产品特性，提升细节体验，提高产品可塑性的“小前端”结合起来，就是一套完整的商品中心设计策略，同时也是整个产品甚至品牌企业的开发策略。

新零售的核心是“以人为本”，也就是坚持以消费者为中心，所以零售其实是从商品时代进入了消费者的时代，核心在于如何建立以消费者为中心的品牌的营销、品牌的生态建设。利用中台的数据能力、业务能力，根据算法，更加精准地在前端推荐商品，做到千人千面，在后端，智能化的预测分析，做到以销定采，优化商品供应链能力。商品是消费者对品牌认知以及是否购买的核心要素，而合理的商品结构、精准的商品推荐、恰当时机的促销策略、以后敏捷快反的供应链能力就成为品牌企业的核心竞争力。在新零售时代的商品建设过程中，如何建立消费者和商品之间的关系，不管是促销、推荐，还是企划，均是基于中台强大的数据能力和核心算法处理能力，再结合会员中心的消费者的消费特性，打造中台强大的商品规划，以及商品的供应链快发能力，提升商品的营销能力，提升品牌价值。

4.2.6 商品的内容特性

现在是以消费者为核心的新零售时代，新零售形式下，商品如何变革来服务消费者，是商品运营部门和企划部门需要重点关注的事情。最近，在 CRM 的建设中，比较火的两个概念，一个是“精准营销”，另一个是“内容营销”。其实对于商品也一样，需要打造“商品 + 内容”的营销新时代。在中台，有基于商品的销售数据、品牌数据、滞销品、畅销品。所以，商品的企划部门，可以根据中台的多维度数据找到潜在的消费者，提升品牌商品的营销力。

商品内容营销的重点在于，如何增加商品在消费者心中的曝光度，如何通过社交平台、营销渠道，提升潜在消费者对于品牌的认知。目前大家比较推崇的方式一般是软文推送。随着微信公众号的诞生，现在越来越多的自媒体、公众号，成了圈粉的平台，也成了商家运营的重点阵地。挑剔的消费者对于单纯的商品介绍越来越没有兴趣，软文推送、品牌活动、品牌社区、明星效应、IP 效应，成为品牌营销的重点。众多的品牌运营平台得到了商家的青睐，如小红书、有好货、淘宝头条、品牌号等。

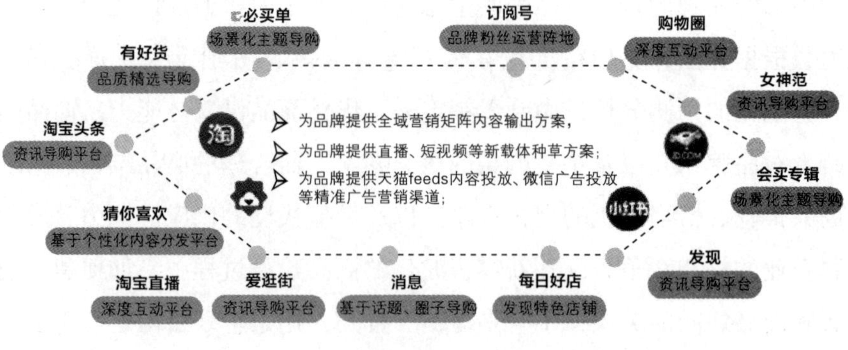

全域内容营销通道

4.3 智慧零售时代的新门店

坐标上海，Kerr&Kroes 门店内，站在超级试衣镜前的女生正不断变换着自己的造型。只需站在镜前，容貌和体型就呈现在大屏幕上，选择喜欢的风格，挑选喜欢的服饰，就能在镜前试穿店内美衣，还有天猫上品牌服饰也能在看到穿在身上的效果。

坐标武汉，良品铺子店内，一位女白领正得到了“免费吃一年”的超级大奖，而之前，她仅仅是在一块刷脸大屏前给出了一个灿烂的微笑。熙攘人群也拥簇在店内这个 55 寸的智能大屏前，只要打开手淘/天猫 APP 二维码在扫描区域认证，大屏随即跳转至笑脸折扣页面，自动识别会员身份，凭借笑容就能领到优惠券。

坐标深圳，周大生门店内，“你觉得这款怎么样?”一位女生侧头向身旁男友征询意见。女生手上空空如也，但面前大屏上倒是映出一款设计精美的戒指被女生戴在手上的效果。而这个款式，恰是店内尚未到货的。效果合适，女生满意地线上下单，不出几日，这款戒指就能真切地戴在女生手上了。

智慧门店场景

这些门店都有一个共同的特点：数字化与智能化的程度相当高。而这样的智慧门店也在加速落地。阿里巴巴打造的亲橙里就是一个大型智慧门店，不仅将天猫国际、淘宝心选、天猫精灵未来馆、盒马鲜生、MISHOW 等品牌从线上搬到了线下，更是将虚拟试衣、千人千面、电子价签等智能硬件纷纷投入使用。阿里也对外表示，天猫新零售将利用大数据、云计算、人工智能等新科技带动 5000 家北京传统商业店铺实现数字化转型，升级为“天猫智慧门店”，实现线上线下真正一体化。腾讯也在同传统实体打造智慧门店，家乐福与腾讯合作开设的家乐福全球首家智慧门店“Le Marche”中应用了腾讯的小程序、微信支付、腾讯优图、社交广告和腾讯视频 IP 等产品，为门店提供“人脸识别付款”“小程序扫码购”“IP 互动引流”等服务。

根据中国连锁经营协会 2018 年问卷调查，门店升级成为企业考虑优先发展的战略方向。智慧门店正在成为标配产品。

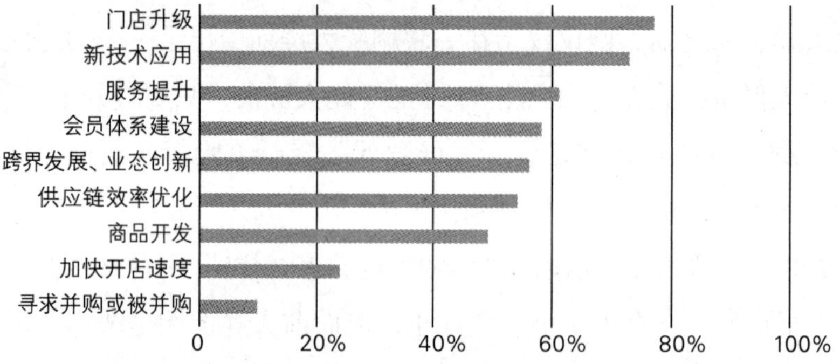

2018 年企业优先发展战略方向

4.3.1 不可或缺的门店

在实体零售时代，门店几乎成为品牌触达消费者的唯一途径，电商的出现，让线下不再成为唯一的消费者触达途径，消费者有了更多选择，但飞速发展的电商并没有让门店退出历史舞台，反而开始主动拥抱了线下，打出线上线下一体化的口号，而众多线上发展迅猛的品牌，如茵曼、三只松鼠等也纷纷在打造自己的线下大本营，可见在智慧零售时代，门店仍然有着自己独特的魅力——不可替代的魅力。

4.3.1.1 门店自带体验基因

强体验基因是门店区别于线上零售的特点。电商受到虚拟时空的影响，很多体验的功能无法做到像线下这般极致。而门店作为具有实体的贴近消费者的场景，具备能够富于创意展示商品的沉浸式空间，可以开展会员多样活动的场所，能够和消费者建立良好沟通的导购人员……如此种种，让门店的体验属性尽显无遗，而新时代下我们所强调的“以消费者体验为中心”，正给了门店一个很好的展示舞台。

4.3.1.2 门店具备消费者自然连接属性

不论线上还是线下，流量永远是重要的，但是又有一些不同。线上流量的特点是不受限，并发大。互联网式的营销一旦做起来，带来的流量是巨大的。但同时，竞争压力下，如果不购买导流，品牌也面临着完全被信息淹没，不被消费者知晓的风险。线下流量则相反，会受到地理因素的限制，但同时也会基于位置有自然流量。因此，门店介于地理位置和消费者之间往往能够建立起更自然、更紧密的连接，这种连接相比于线上，线上的转换成本更低，而消费者更喜欢就近消费。

4.3.2 传统门店痛点

传统门店痛点

不管是过去还是现在，门店对于品牌而言都是重要的，但在零售的发展中，我们也确实发现门店存在种种痛点，制约了品牌发展。

4.3.2.1 有门店无客流

传统门店虽然能够有自然流量，但常常客流就主要依赖着物理商圈。没有优质位置的门店面临着客流少的问题。与此同时，线下购物是有周期性的，一般消费者的购物时间都会选择在周六日，工作日期间实体零售店往往门可罗雀，但门店的日常开销仍然要维持，店员在周六日忙得脚下生风，而在工作日却无可事事，门店的利用效率严重不平衡。不仅如此，线下门店常常是被动等待消费者上门，如果没有消费者进店，再优秀的店员也无计可施。

4.3.2.2 有客流无购买

好不容易吸引来了消费者，但消费者往往只是在门店里简单逛逛就离开了。究其原因，一方面是导购对于消费者没有认知，没有办法针对消费者进行推荐，常常是跟在消费者身后，反而给消费者一定的压迫感，致其匆匆离店。或是消费者试了几件衣服，但导购只是一味夸赞，却不能提供更有建设性的搭配建议，导致消费者在犹豫纠结中就流失了。另一方面由于门店同质化、商品受限等问题，消费者无法在门店商品中找到亮点，导致其最终没有购买。

4.3.2.3 有购买无会员

逛了一圈门店的消费者，若是能够购买商品对门店来说自然是喜闻乐见的。但有些时候这种购买往往也是一次性的买卖，消费者信息没能留下，没能成为门店的会员，二次营销无迹可寻。要知道，在竞争激烈的今天，挖掘单客价值始终是品牌的课题，而有购买的消费者不能留下有效信息显然是对品牌的极大伤害。有经验的导购在这个时候会询问消费者要不要成为品牌会员，但偶尔一些消费者会嫌办理会员比较麻烦而放弃，没能及时转化成品牌会员。

4.3.2.4 有会员无营销

在导购的说服下成为会员的这部分消费者是不是就能很好地进行二

次营销，促进复购呢？答案是否定的。许多品牌仅仅把会员卡作为消费积分使用，本质上仍然是被动等待消费者的状态。有想法的品牌会触达消费者，但传统的触达方式常常是基于短信方式，发送一些促销信息。可是这种方式并不是消费者所喜闻乐见的，而且形式单一，涵盖内容的丰富性和趣味性都较弱，以致这些品牌和会员缺乏良好的后续沟通机制，难以促成复购。

4.3.2.5 有营销无针对

传统会员留存的信息是非常简洁的，通常只有姓名、手机、生日等基础信息，这样导致消费者画像难以建立，没有精准营销的能力，只能在活动期间集体触达，导致对部分消费者造成无效信息骚扰，于品牌形象无益。显然，缺乏大数据和营销策略支持，对消费者采取无差别的营销手段，营销效率低且效果差。

4.3.2.6 有导购无体系

导购是门店中最为关键的角色。但对大部分品牌来说，对这一关键角色的掌控是薄弱的。品牌可能会对导购进行些许的培训，这种培训往往是由上至下的，等到由店长传达给店员时，往往已经缺失了大半。而导购之间的差异往往也是很大的，优秀的导购能够通过笔记等手段记录忠实消费者的习惯，并基于个人关系维系会员。而品牌对此一无所知，那么高频离职的导购随时都可能带走会员信息，如果后续导购不能很好地服务会员，可能造成会员流失。因此，对传统门店来说，品牌销售强依赖导购，但对导购的培训赋能缺乏，其离职后积累的会员资源难以留存。

4.3.3 智慧门店打造消费闭环

面对着传统门店的痛点，智慧门店尝试通过智能化的方式解决问题。品牌门店原本是个点，是在消费者消费轨迹上的一个点，离开之后可能就没有后续的一个离散点。这也是长期困扰门店的问题——和消费者之间的联系太薄弱了，依赖自然流量构筑起的消费效应在互联网的冲击下显得苍白无力，门店需要不断引流，需要和消费者建立更紧密的连接，而黑科技加持下的智慧门店正是形成了一个消费闭环。

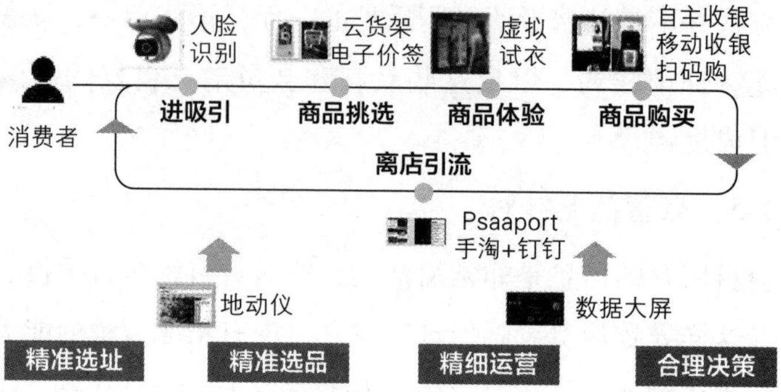

智慧生态闭环

4.3.3.1 吸引：知我者也

懂消费者，是智慧门店牢牢抓住消费者的第一步。通过智能设备，门店有了能够了解消费者的工具，借助于周边用户画像，品牌预知了消费者的喜好，通过基于 LBS 的推送，能够更加顺利地将消费者吸引入店内。不仅如此，门店入口处的互动游戏大屏也激发了消费者的好奇与兴趣，这样的门店还愁无人进店吗？

对实体门店来说，永远离不开的核心要素不外乎是“Location，Location，Location”。可见位置对于实体门店的重要性。传统门店对于选址虽然重视，然而手段单一，仅能依靠有限人力的实地调查和经验判断进行决策。然而，通常实体门店需要投入的设计、装修、设备等固定成本较高，一旦选址失败，未来被迫关店，造成的损失是很大的。

基于智慧门店产品，能够通过大数据了解到门店备选点的可渗透人流、竞争性、聚客性等数据，与品牌相匹配，从而为品牌提供更为合适的选址方案。通过数据的支持，能够较为精确地了解备选门店辐射区域的消费者情况，能够避免“踩雷”，让选址成功的概率大大提高。

智慧门店解决方案：地动仪、Wifi 探针、互动游戏大屏……

4.3.3.2 进店：千店千面

千篇一律的门店多少让人视觉疲劳，而根据地动仪等产品对周边消费者画像的解读，门店在选品和设计上都能有的放矢，打造属于每个区域不同的门店样子。甚至于，通过人脸识别能够识别不同消费者，智能大屏根据消费者的喜好在不同消费者面前展现出不同的商品，呈现出千人千店的样子。导购也能迅速了解消费者的情况，第一时间提供有针对性的服务。

商品规划是品牌的主要工作之一，毕竟销售与商品之间存在直接关系。然而如此重要的环节也避免不了“拍脑袋式”的决策。

会员的精准识别

借助智慧门店方案，门店获取的用户画像和试用、销售数据能够让品牌了解消费者偏好，从而在商品选品上能够朝着消费者期望的方向优化。

智慧门店解决方案：智能摄像头、人脸识别、地动仪……

4.3.3.3 挑选：万里挑一

消费者总希望得到完整的信息从而来进行选择，但是门店的空间限制了消费者的选择，好在云货架的出现让消费者能畅快地浏览所有商品，在其中挑选自己所爱。

而这个挑选的过程对某些消费者来说也有可优化的地方，毕竟，许多消费者会遇到不知道如何搭配的问题，这个时候云导购或许能为消费者解决问题，AI 导购成了不擅搭配的消费者的救星。或更简单的是，通过大屏智能搭配，消费者可以自己查看喜欢的单品应当搭配哪些商品。如果消费者喜欢更具温度的真实导购服务，通过数字化的导购工具——赋能导购也让他们有了更多能力为消费者搭配，一秒化身专业时尚造型人士。

智慧门店解决方案：云货架、云导购、AI 搭配推荐、电子价签……

4.3.3.4　试穿：百变大咖

试穿试妆的过程既令人开心又略显烦琐，这时不如用魔镜虚拟试衣试妆，即刻展现不同的试穿效果，搭配上不同的场景，一键分享朋友圈，社交与购物两不误。

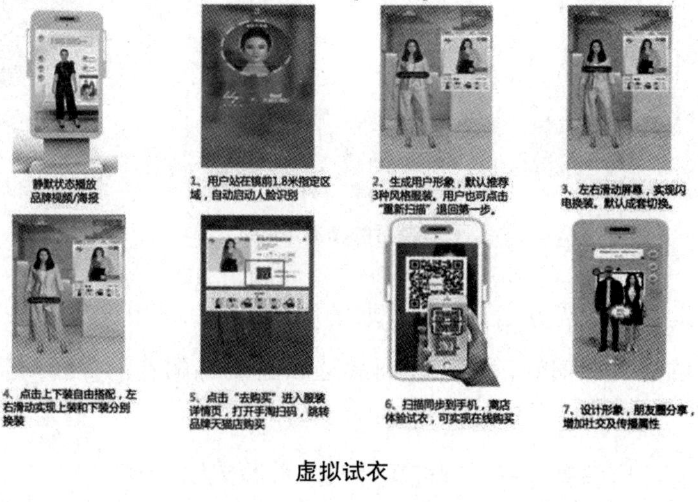

虚拟试衣

智慧门店解决方案：虚拟试衣、虚拟试妆……

4.3.3.5 等待：财乐兼收

购物过程中常常有一个被忽视的第三方——陪同购物的人——老公与男朋友。等待中的他们常常是无聊地刷着手机，而智能互动体验区的各种互动游戏能够让购物陪同者不无聊，玩着游戏或许还能获得几张店铺优惠券，何乐而不为？而对门店来说，有效地促进停留，提升优惠券的转化，从而提升顾客消费。

智慧门店解决方案：互动游戏大屏、AR、VR……

4.3.3.6 购买：即拿即走

消费者离店越来越轻松，无人零售的模式让支付变得非常轻便，现在通过各种自助收银设备让消费者可以自行快速完成支付环节。人工智能的发展让无感支付更进一步，离店可能就意味着完成消费。

线上下单

智慧门店解决方案：自助收银、人工智能、RFID、云打印……

4.3.3.7 离店：后会有期

消费者离店后，故事远远没有结束，让消费者再次光顾门店才是正事。在之前的各个环节中，消费者在门店中留下了种种痕迹，了解消费者的门店这时候能够运用各种 APP 定向触达消费者，从而实现精准营销推送。

智慧门店解决方案：Passport、全渠道触达、大数据……

从离店回到吸引，智慧门店打造了一个圈，把消费者圈在自己的“势力范围”内，密切地保持着互动。打造这个圈能够利用到的硬件设备与软件系统都非常多，那么对新零售仍在探索阶段的品牌来说，这个圈是不是要一口气画完？不一定的，智慧门店的实践途径是多种多样的：可能是从部分模块开始切入的，可能是先从个别门店试点开始的。

智能硬件概述

云货架	云货架包含虚拟云货架和互动云货架两种，前者是通过显示大屏幕铲鲟自己感兴趣的产品信息，并且可以通过手淘等 APP 实现购买。互动云货架利用 RFID 或重力感应装置可以在屏幕上显示实体商品的信息。同时也可以完成关注公众号，领取优惠券和在线购买的功能
虚拟试衣	虚拟试衣技术目前已经很成熟了，消费者通过虚拟试衣可以直观地展现穿衣效果。相比传统试衣间大大提高了试衣次数和效率
智能摄像头	智能摄像头结合人脸识别设备可以帮助门店统计门店客流，并且可以从性别和年龄维度来分析顾客群体。与 CRM 打通之后可以识别会员。当 VIP 进店之后人脸识别直接发送会员的消费历史记录以及会员个人信息给导购。导购可以根据这些信息提供相对应的会员服务以及推荐适合的产品。另外，门店的热区和动线分析也可以通过人脸识别设备实现
电子价签	电子价签目前在商超和便利店使用得比较多。只要是商超 SKU 多，价格更新变动大。但是，随着技术的进步，电子价签会很快进入零售行业，让我们更多的企业得到益处
智能收银	智能收银也就是 POS 一体机/自助收银机/手持 POS 机。甚至现在用 ipad 收银的企业也在扩大。相信之后，PC 或者笔记本收银会淡出，智能设备使用更为广泛
RFID	RFID（Radio Frequency Identification）技术，又称无线射频识别，是一种通信技术，可通过无线电讯号识别特定目标并读写相关数据，而无须识别系统与特定目标之间建立机械或光学接触。通过 RFID 能够更好地进行商品识别，从而实现自助收银等功能

4.3.4 智慧门店“三新”价值

4.3.4.1 新数据

智慧门店中的种种硬件设备将线上数据的采集能力赋能给实体门店，为门店开启“新数据”模式。线上消费的每一步都有迹可循，但在线下一切就不那么容易，通过智慧门店，无疑给门店带来了许多智慧的眼睛，将消费者的购物动线、停留关注区域、拿取试穿等数据都搜集到品牌中。这些数据在传统的零售当中就一直存在，但苦于没有记录手段，长期处于缺失状态，而现在我们能够把这些数据搜集起来。这些数据为品牌后续的体验和运营能力的提升提供了基础。

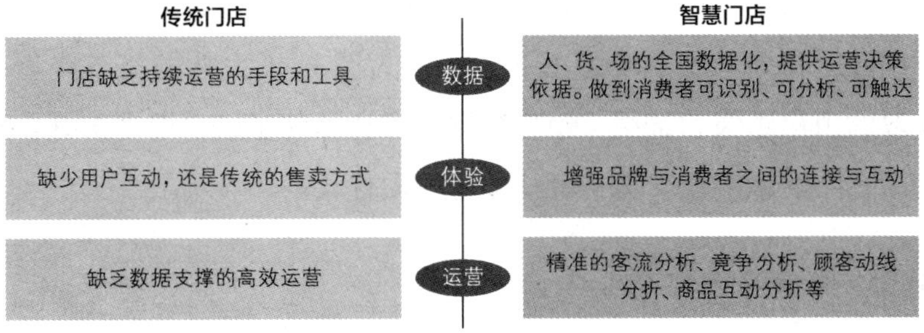

传统门店和智慧门店的对比

4.3.4.2 新体验

门店的体验特性是我们一直强调的，而智慧门店恰恰为这种理念增添更多内容。智慧门店让线下服务体验更贴近消费者个体，并且更具场景化地展现出来，让消费者在其中更舒适地购物。“新数据”支持下的“新体验”能够结合消费者做个性化的展现，形成线上线下互通互融的全渠道一致性体验。

优质的体验有助于让消费者在门店里停留更长的时间，而停留时间与消费金额在长期的实践中证明是呈显著正向关系的，也就是说智慧门店留住的顾客显然有着更高的客单价。同时，各种精准营销的手段显然同时促进了转换率，不给消费者带来过多信息骚扰的前提下提升每一条推送信息可能产生的效力。

4.3.4.3　新运营

相比于传统门店，智慧门店显然是高效运作的。在“新数据”的支撑下，门店的营销是有的放矢的，更精准高效。而门店的管理更是解放了人力，例如 RFID 技术让传统的单件扫描式盘点变为空气扫，大大提升了工作效率。

对于经营管理而言，智慧方案能够得到门店较为精准的客流分析、竞争分析、顾客动线分析、商品互动分析等，基于这些分析结果，品牌能够优化动线引导，调整商品陈列来提升销售，优化经营管理。首家智慧门店湖滨银泰 IN77 卡西欧门店曾披露过，仅半年时间，智慧门店将库存周转时间提升了 30%。智能选址让品牌选址失败的概率降低，门店获取的用户画像和试用、销售数据能够让品牌了解消费者偏好，从而在商品选品上能够朝着消费者期望的方向优化。

4.3.5　智慧门店与企业中台

智慧门店的快速发展离不开开放的企业中台支持。智慧门店涉及多种软硬件设备，在线上线下一体化的过程中还涉及多平台，这些快速变化的门店内容若无企业中台的开放对接能力，很难快速推进。

4.4 智慧零售时代的数据能力

大数据大家已经不陌生了。随着信息技术的发展，存储能力与处理能力的提升，大数据应运而生，成为企业的重要资源。

显然，大数据的发展一路被看好，在政府层面上，对大数据的搭建工作重视异常。《2017 中国大数据发展报告》中显示，政府投资大数据项目数量整体呈攀升态势，广东、北京两地政府投资的项目数量占到了近 1/3，这些项目中超七成为大数据平台及基础设施建设类。

不仅是政府层面，企业的重视程度更是有增无减。根据调研机构 IDC 公司预测，大数据和业务分析市场将从 2018 年的 1301 亿美元增长到 2020 年的 2030 多亿美元。来自 New Vantage Partners 的“2017 年大数据高管调查报告”披露，48.4% 的高管表示公司已经通过大数据实现了可测量的收益；80.7% 的高管认为公司的大数据投资是成功的；21% 的高管表示大数据对公司具有颠覆性的意义。

大数据在智慧零售时代越来越走向应用层面，为品牌创造价值。

4.4.1 何为大数据

现代社会是一个信息化高速发展的社会，科技发达，信息流通，人与人之间的交流越来越密切，生活也越来越便利，大数据就是这个高科技时代的产物。阿里巴巴创办人马云在公开演讲中曾提到，未来的时代将不是 IT 时代，而是 DT 的时代，DT 即 Data Technology（数据科技），说明大数据对于社会发展来说举足轻重。

大数据成为决策关键

对于大数据的定义，权威机构也给出了不同的表述：

世界知名咨询企业 Gartner 给出的定义是："大数据"是需要新处理模式才能具有更强的决策力、洞察发现力和流程优化能力来适应海量、高增长率和多样化的信息资产。

麦肯锡全球研究所给出的定义是：一种规模大到在获取、存储、管理、分析方面大大超出了传统数据库软件工具能力范围的数据集合，具有海量的数据规模、快速的数据流转、多样的数据类型和价值密度低四大特征，即业界常说的 4 个 V（Volume，Variety，Value，Velocity）特征。

Volume 数据体量巨大。如果单单从存储量方面来考量的话，从最小的数据存储单位 bit 开始，按顺序往上 Byte，KB，MB，GB，TB，PB，EB……那么截至目前，人类生产的所有印刷材料的数据量可达数百 PB，而历史上从有记载开始，人类说过的所有的话的数据量大约要以 EB 来衡量。

Variety 数据类型繁多。类型的多样性让数据被分为结构化数据和非结构化数据。相对于以往便于存储的以文本为主的结构化数据来说，非结构化数据越来越多，包括网络日志、音频、视频、图片、地理位置信息等，这些多类型的数据对数据的处理能力提出了更高要求。

Value 价值密度低。价值密度的高低与数据总量的大小成反比。数据总量越大，无效冗余的数据则越多，如何通过强大的机器算法迅速地完成数据的价值“提纯”，是目前大数据背景下亟待解决的难题。

Velocity 处理速度快。这是大数据区分于传统数据挖掘的最显著特征，根据 IDC“数字宇宙”的报告，预计到 2020 年，全球数据使用量将达到 35.2ZB。在如此海量的数据面前，处理数据的效率就是企业的生命。

大数据技术的战略意义不在于掌握庞大的数据信息，而在于对这些含有意义的数据进行专业化处理。换言之，如果把大数据比作一种产业，那么这种产业实现盈利的关键在于提高对数据的“加工能力”，通过“加工”实现数据的“增值”。

4.4.2 大数据应用

国内传统零售业经历市场低迷、环境变化、成本上涨、电商冲击后，使得传统零售经济开始寻求新的出路。因此，运用高新技术，打通线上线下全渠道的“新零售”应运而生，而在这一传统行业的转型与创新的背后，则是倚靠大数据这一核心根本动能。

大数据对于零售行业的核心应用，即为使其将“人、货、场”等传统商业要素进行重构，包括重构生产流程，重构商家与消费者之间的关系，重构消费体验等。每个零售企业都将走向数据公司，完成消费者的可识别、可触达、可洞察、可服务。整个商业生态体系将通过大数据、新技术帮助商家完成重构。简单来讲，伴随着新零售带来的线上线下商家的融合与打通，使得企业实现线上线下商品价格同步，物流整合统一调配，同时用户购买数据可以帮助商家了解消费者需求，制定更为科学的生产及库存管理方案。

在分析大数据在新零售行业应用之前，我们先了解一下传统零售行业的数据现状。

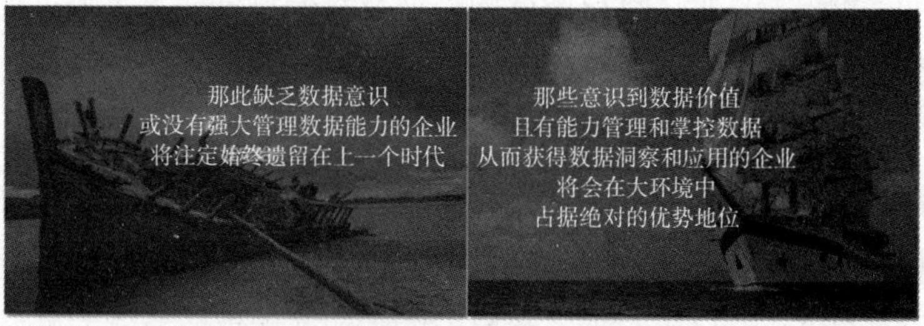

数据的价值

众所周知，零售行业三大基本要素为“人、货、场”。而传统零售行业下，由于数据分散，数据准确性、及时性与完整性均偏低，数据产品功能单一，导致消费者感知及洞察不足，仓库无法感知消费者与货品的交互从而形成库存积压，商场亦无法感知周边消费者购买习惯与需求。

为解决传统零售行业现状，在大数据时代下，可从三个方面提出解决思路。数据方面，运用全域用户画像，到店客流分析，消费者营销，数据计算平台，调度系统，数据质量监控等方法来提升数据准确性与及时性；产品方面，通过商品电子化、会员数字化、供应链管理来打通线上线下全渠道链路；技术方面，使用云计算、Wifi 探针、地理围栏等高新技术为更好地提供全渠道战略方案助力。

为使上述目标顺利达成，零售产业可以充分结合大数据时代下的技术创新，对数据资源进行以下三个方面的应用。

应用一：全域消费者画像

通过数据对消费者进行分析的核心目的就是预测顾客需求，通过对海量数据结构化分析，及多种算法包括人工智能、机器学习等前沿技术和数学建模来进行预测并做出相应决策，进而创造更优的顾客体验、更多的交易、更多的业务创新。其中对于大数据的核心应用，即为全域消费者画像。通过数据分析，使消费者画像由模糊变清晰，通过对消费者的基础属性（年龄、性别、职业等）、消费行为（消费层级、价格层级等)、偏好习惯（品牌、类目偏好、折扣敏感度等)、地理属性、互动行为（线上登陆/点击/收藏/加购)、金融特征（芝麻信用分等）等维度的分析，建立多角度消费者画像，为企业产品配置与投放提供重要参考。

应用二：电子化消费链路营销

传统零售商场多采用 POS 机收银，提供纸质小票的方式完成收款行为。其营销活动通常为满减、满折等。这种方式带来商家参与度低，消费者无差别营销，消费者无消费提醒等弊端。新零售时代，用户的每一步行为都会留下大量的信息，通常各种类型的数据会混杂在一起。大数据时代下的新兴技术应用，促使商家为消费者开具电子小票，从而实现更好的消费者识别、消费者精准营销，同时可以向消费者发送消费提醒。通过对消费者画像、线上搜索、浏览、收藏、加购、消费等行为的分析，分析消费者购买偏好，制定“千人千面”的营销准则，最终实现消费者数字化程度提升，回流率提升，核销率提升，消费者体验提升等目标。

应用三：未来数据服务

新零售时代，零售企业开启数据开放与共享新模式，与供应商、第三方软件开发商、第三方卖家平台、银行等形成数据合作，并与各种社交媒体、跨界合作伙伴联盟，以提升数据质量及可用性。大数据时代背景下，各零售商均掌握着大量的消费者数据、旗下品牌商与渠道商的销售数据、库存数据等。每一个时代对“人、货、场”三个因素的焦点与重心都是不同的。在未来，“人、货、场”的格局将被重新定义。“人”方面，通过个性化推荐与排序、消费链路营销及会员营销，使消费者洞察得以提升，从而提升客户体验；“货”方面，通过商品选品、销量预测与补货、服饰搭配来实现智能控货，从而优化供应链；“场”方面，通过选址招商、到店客流分析与店铺雷达，建立智能商场与智慧商场。

无论是云计算、目标用户画像，还是渠道融合、现代物流、构建消费场景模型，这些革新技术与应用，都是为了更好地适应新时代背景下零售行业的重心转移，即随着市场环境及消费群体的变化，许多企业正在从过去的产品运营思维转化到用户运营思维上来。在互联网时代，新零售构建场景的关键，是如何把好不容易争取到的客户价值最大化，最终围绕“人”来重新建立商业价值链条。

4.4.3 大数据价值

从本质上来讲，在各行各业，通过数据分析或数据演算提升企业决策和企业战略实施的，仍然是人的大脑。

区别只是在于，从前企业领导层决策，依靠的是丰富的从业经验和下属部门的信息整合。而今，领导层则是依靠高速与高精确度的计算机处理技术来处理海量数据集，依靠分布式演算来做出最终企业的战略决策。通过利用这样的科学技术，使得领导决策的精准度与效率得到大幅提升。此为大数据价值其一。

其二，随着市场需求的变革，大数据的价值已经不仅是为各类决策提供帮助，而且更加作用于分析甚至塑造客户的层面上。因此，大数据成为企业领导层关注的重要战略资源，企业必须要利用大数据来分析客户需求，并根据结果制定相应的大数据营销战略计划，以确保能够抢占市场先机。

在新零售时代，大数据更是对零售行业有着至关重要的价值，可以说是新零售模式的核心竞争力。无论规模大小，每家零售门店和品牌商都掌握着海量待挖掘的宝贵数据资源，然而，多数企业没有足够重视这部分资源，使得可被用于帮助决策的会员信息、销售信息、售后信息等都没有得到充分地挖掘利用。

简而言之，大数据对于新零售模式的价值主要体现在，企业依靠高速且精准计算机技术，将内部数据进行多层次多角度分析。通过打造专业化信息平台和多源化数据采集，全线打通内部数据，深入挖掘和分析数据资源，实现用户会员跨区域共享信息，线上线下充分整合统一，为客户带来更多便利，从而激活潜在用户，甚至“老客新单”挖掘二次销售机会，直接产生经营价值，实现精准营销。而助力整个过程顺利实施的核心，正是大数据技术的运用，此运用可以帮助企业科学合理地分析消费者相关的数据，包括消费行为、消费习惯等，从而更精准地提供服务。

今天，来自金融、电商、运营商等不同模块的数据价值正在不断地被发掘。作为未来零售，甚至更多领域发展的宝贵基础资源，数据的价值越来越被重视。零售门店或品牌商若想在新的数据经济中立于不败之地，必须要对“大数据资产”的价值和作用予以高度重视，并从根本上重新考虑如何利用大数据为自己和客户创造价值，规划调整企业战略决策方向，驱动新能力、新岗位和新业务的持续升级。要学会从繁杂庞大的数据中挖掘、分析用户的行为习惯和喜好，研发出更符合用户偏好的产品和服务，并结合用户需求有针对性地调整和优化产品，以优化用户体验，最终获得商业利益，就是大数据在商业社会的价值。

4.4.4 大数据与企业中台

数据中台的领航者阿里巴巴是这样阐述自己的大数据观的，“大数据”是一种超能力。对于不同岗位的人而言，大数据也有着不同的定义和动能。对于数据架构师或数据科学家而言，数据是大脑，是可连接和萃取的，是智慧的，能提升业务甚至创新业务的。对于数据产品经理或数据模型师而言，数据是血液，是规范标准且有序的，全面且多样化的，清晰且可见的。对于数据库专家或运维人员而言，数据是经络，是可以及时计算并有效储存的，是可动态调优向上服务的。

大数据与企业中台之间为相辅相成的关系。中台依托大数据技术应运而生，大数据也通过中台实现甚至扩大其价值与所产生的动能。

我们之所以要建立数据中台，主要有以下两点原因。

第一，业务体感不好

命名不规范、口径不统一、算法不一致等导致的数据不标准，给业务场景的统一管理带来了诸多不便。同时，烟囱式系统的开发周期长，效率低，面向应用的服务化不足，导致业务响应速度慢；重复建设则导致任务链冗长、任务繁多，计算资源紧张，数据时效性差。

第二、技术资源浪费

烟囱式系统的重复建设浪费技术资源；线上难线下更难，原系统或业务变更不能及时反映到数据上，加之数据不标准，导致研发维护难上加难。

以上两点原因导致数据资源没有得到合理利用，无法满足业务需求，数据流无方向性，数据管理无序和失控。

所谓数据中台，即建立一个集团数据公共层。所有数据命名得以规范，算法一致，统一分析统一调用，从而实现有效管理数据资产的功能。具体来说，数据中台通过数据资产管理规范及方法论、数据资产盘点及活性评估、数据共建共享服务、数据交换价值评估等方法，使得企业得以全盘把握与科学分析数据资产，为数据资产的投资决策提供建议，清晰应用与高效管理数据资产，使得数据资产的治理有据可循。

数据中台基于大数据核心技术，建立数据中心，实现“人、货、场”的重构。通过全渠道数据采集，实现对“人”的精确识别、立体刻画、全方位分析和精准触达，监测人的行为并将结果回流。

大数据为中台赋能主要有以下四大典型应用场景。

其一，全域数据监控。提供战略决策与数字化运营的智能方案，最大限度地降低数据分析的难度，最大程度地提高数据分析的效果，同时使得品牌价值在无形中得以传播，高效优质的辅助战略决策和数据化运营。

其二，数据化运营——智能 CRM。提供用户管理的智能化方案，基于全渠道全链路数据，建立以“人”为核心的数据链接萃取管理体系，对用户进行全生命周期的精细化管理。

其三，数据植入业务——智能推荐。提供营销推广的智能方案，从前期的人群分析和精细化圈选，到中期的千人十面、百面和千面的触达，到后期的数据监测和迭代优化，实现全链路数据化营销。

其四，数据业务化——战略参谋。提供零售管理的智能方案，规避传统零售行业的松散式管理，库存、定价、补货、销售等各个环节统一协同，整体提升线上线下零售体验和效果。

对于零售行业而言，数据中台则为其建立智慧门店提供技术支持。数据中台中的数据可以运用到智慧门店中的会员画像、陈列设计、导购精细化管理、门店智能硬件设备应用（WiFi 探针、人脸识别、云货架、RFID 等），可以根据数据算法进行智能配补货，根据销售数据反向指导生产和设计导向，助力品牌的精准定位。通过以上数据分析与处理技术，实现变观察颗粒粗糙的模糊消费者为可采集、可识别、可触达的数字化消费者；变经验组合、推式供货为按需组合、智能供货；变线上线下割裂、渠道割裂的分渠道场景为线上线下随时随地，零售即体验服务的无处不在的消费场景。

新零售就是信息化支撑下，数据赋能下，无限逼近消费者内心需求。而数据中台则以大数据为支撑，整合门店智能硬件，企业内部经营数据和全域市场数据，解决零售企业经营过程中数字化和数据化运营问题，从而从整体上提升企业经营效率和经营效果。

4.5 智慧零售时代的运营能力

4.5.1 运营能力在新时代被提上更高的高度

阿里巴巴的创始人马云在 2016 年 10 月的云栖大会上提出“新零售”的概念，并指出新零售将取代传统的电商模式，成为未来的主流发展趋势。而要实现新零售，就要同时开展线上渠道与线下渠道的运营，并完善相关物流体系。

新零售概念出炉

在马云正式提出“新零售”概念后，有业内人士指出，新零售就相当于全渠道零售，具体而言，就是将线上渠道与线下渠道的业务打通，同时注重物流体系的建设。事实上，在 2016 年 11 月 14 日举办的阿里“双十一”内部复盘会上，阿里首席执行官张勇就指出，新零售的概念范围十分广阔，除全渠道模式之外，新零售还包括其他表现方式。怎样才能正确把握新零售的概念？身处新零售时代背景下的传统企业，怎样才能推动自身转型？要准确把握“新零售”的内涵，就要对杭州娃哈哈集团董事长兼总经理宗庆后与马云之间的实体经济和虚拟经济之争进行分析。马云在江苏省浙江商会十周年大会上指出，实体经济与虚拟经济之间不是对立关系，两者之间没有必然的矛盾。不可否认的是，阿里在电商领域的布局与发展也没有脱离实体经济，如今，阿里已经成为新实体经济的成功实践者。

因此，在新零售与全渠道中，实体经济都占据重要地位。企业经营者应该对“渠道”的内涵有清晰的把握，从根本层面上来分析，渠道指的是企业向消费者提供商品的途径。全渠道则意味着企业可以通过多种方式与消费者进行接触。在互联网时代下，实体零售企业主要通过进驻以天猫、淘宝为代表的电商平台来开展新零售运营。随着移动互联网的高速发展，能够帮助企业实现线上、线下一体化运营的移动工具纷纷涌现，实体零售企业可通过与微信、飞凡等平台联手进行线上渠道的拓展，也促进了第三方服务平台的发展。

虽然实体零售企业面临的渠道选择越来越多，但企业在开展新零售运营的过程中，坚持采用传统零售与电商结合发展的模式，为了在激烈的竞争中取胜，企业主要选择客流量大的地方开设实体店，并聚焦线上流量的获取，同时注重增加商品品类，通过降价来吸引顾客参与。在传统模式下，这种竞争策略的确能够推动企业发展，然而，在信息时代，其影响力逐渐降低，对企业发展的推动作用也不再明显。2016 年，很多电商平台开始聚焦内容生产与传播，并获得快速发展，小红书就是典型实践者。这类平台虽然规模有限，但却呈现出迅猛发展姿态，其覆盖面也迅速扩大。除此之外，很多实力型电商平台如京东、阿里巴巴也开始注重内容领域的布局，通过输出优质内容来提高用户的忠诚度，并将用户转化为自己的消费者。在传统模式下，零售企业主要通过不断增加商品种类与降低价格来积累用户。

如今，消费者越来越重视精神价值，希望在购物过程中满足自己的社交需求，而传统获客方式难以得到消费者的青睐，于是商家开始在这方面进行改革。近几年，越来越多的电商平台转向内容建设，成为一种主流发展趋势，无论是实力型电商，还是中小规模电商都尝试通过内容生产与输出吸引用户，并完成变现目的。从一定程度上来说，“传统零售 + 互联网 + 内容”就是新零售。其内容包括多种类型，如互动性内容与资讯型内容等。在具体运营过程中，企业借助大数据技术进行消费场景的打造，再利用互动性内容吸引消费者的参与。从这个角度来说，新零售与全渠道的不同之处在于，前者更注重内容的价值，在新零售时代下，传统企业不仅要完善自身服务体系、优化供应链建设，还要以内容创作与传播为切入点，拉近顾客与企业之间的距离。

4.5.2 运营能力的具体表现

新零售与全渠道既有区别，也有共性。其共性之处主要体现在两者在运营过程中都要符合零售业本质，注重线上、线下渠道的结合，还要完善物流体系的建设，使零售业的经营不再受时空因素的限制。经营者需要认识到，在企业转型过程中，要紧紧抓住零售业的本质，将产品与服务放在核心位置，避免只用新概念、新技术来招徕顾客，否则脱离了行业本质。虽然零售企业能够通过信息技术与大数据技术的应用来拓宽与消费者的接触面积，但从本质上来说，企业要提高用户对自身运营的认可度，还是要着眼商品质量的提高与服务体系的完善。

传统零售企业应该正确对待全渠道与新零售，将其视为推动企业转型、推动自身发展的方式与途径，而不是牺牲企业的发展，只为了实现全渠道或新零售模式。另外，企业要找出重点渠道，将其他渠道的运营作为补充。

通常情况下，传统零售企业在实施全渠道运营过程中会经历三个时期：第一个时期，在线上渠道展开运营，但不同渠道之间相互独立，难以取得理想效果；第二个时期，开始实现线上、线下渠道的结合，对不同渠道的会员、商品及服务进行统一归集，这需要投入大量资金；第三个时期，将线下渠道的运营作为重点，线上渠道作为补充。

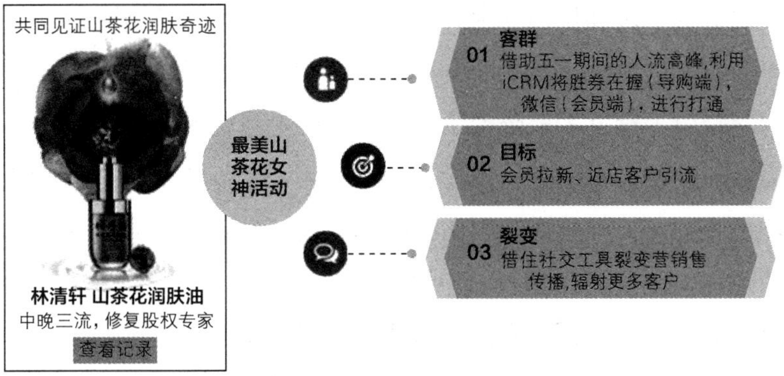

林清轩智慧运营

在整个全渠道运营过程中，内容运营应该引起企业的足够重视。从实际情况来看，传统零售企业的流量主要是由促销活动及上新带来的，消费者进入实体门店后，将根据门店管理者进行的布局（如产品陈列、行走路线规划等）浏览商品。随着互联网的推广普及，消费者获取商品的渠道大幅度增加，基于人与人之间的信任关系而进行的口碑传播爆发出了巨大的能量。由网红、明星大 V、自媒体、时尚达人创造的优质内容成为品牌商引流的大利器。所以，传统零售企业需要根据目标群体的特性，并结合自身的发展情况，对营销内容进行规划，减少对“价格战”的依赖，将优质内容在社交媒体、视频网站、直播平台、短视频平台等各个渠道进行推广，从而触及更多的潜在消费者。

企业既可以选择和优质内容生产者进行合作，也可以自己培养相关人才。虽然后者需要耗费较高的时间成本，但其优势在于能够将流量控制在自己手中，不会出现合作结束后，用户大幅流失的情况。企业在进行流量获取时，既要采用传统方式，如举办优惠活动、向消费群体进行新品推广等，也要借助网红、达人、意见领袖的影响力实现内容传播，进而实现流量积累，促进用户做出消费决策。电商平台在进行内容生产与输出的同时，还要运用先进技术工具，通过数据分析进行价值挖掘。

在内容运营过程中，企业想要在激烈的竞争中取胜，就要制定全局性的发展规划，定期推出新内容，在合适的时机组织营销活动等，以产品销售与用户关系维持为中心开展内容运营。传统零售企业需要进行精准的内容定位，理性采取降价策略，在开展电商化运营的过程中，借助技术力量对消费者需求进行把握，对自身内容进行调整。传统零售企业与互联网企业都要参与商业要素的改革，通过推动改革的进行来提升消费者的购物体验。在此期间，零售企业的商品丰富程度也将大大提高，并通过持续性的产品创新来满足消费者的多元化、个性化需求。身处新零售时代下的企业，不仅要对传统供应链进行改革，还要综合考虑企业的生产安排、营销环节及消费者需求，打造完善的物流体系，并在内容运营方面进行变革。如今，实力型电商企业纷纷在新零售领域展开布局，当前仍然在实施全渠道运营模式的传统零售企业也要抓住机遇进行转型，在改革传统商业要素及其组成的基础上，对零售产品进行创新，使企业自身的发展符合整体趋势。综上，在新零售和全渠道零售不断碰撞融合的机遇面前，传统零售企业需要的是“零售 + 互联网 + 内容”，而并非是很多企业所尝试的“零售 + 互联网”。考虑到当前国内具有明显互联网属性的行业已经被巨头垄断，传统零售企业可以尝试和这些巨头进行合作，利用它们在引流及整合资源方面的优势，来加快自身的布局速度，争取在激烈的市场竞争中成功突围。

4.5.3 运营能力提升的价值

4.5.3.1 提高市场定位的准确度

市场定位对品牌发展的重要性不言而喻。因此，品牌运营方需要对市场发展及变化情况进行分析，这就要用到大数据。面对激烈的市场竞争，零售企业为巩固自身的优势地位，需要将大数据的应用提升到企业的战略层面，通过对海量数据的获取与分析，对零售行业的市场布局、市场需求情况、竞争对手的发展进度等进行把握，根据数据分析结果，不断完善自身的产品经营方式，突出品牌的差异化特征，实现精准的市场定位，在长期运营过程中逐渐积累用户基础。

4.5.3.2 有助于社群营销

随着互联网及移动互联网的高速发展，再加上智能移动设备的普遍应用，经由互联网渠道输出的信息量呈几何级增长趋势。近年来，微博、微信及各类资讯平台纷纷崛起，以文字、图片、音视频等形式承载的信息，可以通过多元化渠道进行传播，其每日的信息分享数量可达到千亿级，这些信息中就包含商家发展、消费者行为、产品反馈、商品搜索、订单处理、市场价格走向等相关内容。零售企业可采用整合方式，对数据资源中蕴藏的商业价值进行挖掘。

4.5.3.3 为零售企业管理提供技术支持

零售企业实施收益管理的目的，是制定合理的商品价格，并在恰当的时机将商品推向市场，进行准确的市场定位，通过满足消费者需求来拓宽自身的利润空间。企业在实施收益管理的过程中，要从需求预测、细分市场、敏感度分析三方面着手，并发挥大数据的支撑作用。在进行需求预测时，零售企业要在获取海量数据的基础上，运用数学模型，对消费者的内在需求进行挖掘；同时，还要对各个细分市场的价格变动与产品销售情况进行科学合理的推测。当市场出现供需不平衡的问题时，企业可以对产品价格进行调整，缓解市场供需之间的矛盾。另外，企业还可以根据各个细分市场的需求情况来设定商品价格。对市场进行细分能够提高企业商品运营的针对性，企业在进行市场需求预测的基础上，能够灵活调整产品价格，在不同细分市场进行利润敏感度分析能够帮助企业找到价格变动的合理范围，进而对各个细分市场因价格变动引起的变化进行分析，在企业自身收益与市场接受度之间找到最佳平衡点。

4.5.3.4 帮助企业把握市场需求

普遍在移动互联网高速发展的今天，微博、微信、论坛、电商平台等都积累了大批用户，人们能够通过多种渠道进行信息发布与分享。纷纷涌现的各类媒体为用户的信息发布及沟通互动提供了平台支持，“网络评论”迅速流行开来，很多消费者已经习惯在产品使用后，通过微博、微信等媒体平台对产品的功能、设计、质量、优势与不足等进行评价，这其中包含了用户的相关需求信息。零售企业应该对平台上的数据资源进行获取，对海量数据进行储存与管理，通过深度分析，对数据中包含的用户消费特征、消费习惯、对产品的期待等进行提取，并在此基础上实现产品优化；同时，还要不断完善自身的服务体系，升级消费者的购物体验，进而提高企业的利润。

4.5.4 如何提升运营能力

4.5.4.1 加强对数据的敏感

运营首先要对数据敏感，同时目标感强，这是销售运营的基础。销售额 = 进店人数 × 进店率 × 转化率 × 件单价 × 连带率，当任何一个影响销售额的指标发生变化时，都要从“人、货、场”或者产品的长度、宽度、广度等多维度进行全面立体的数据分析，同时不能拘泥于数据，必要时要去一线深入了解数据背后的原因，才能更好地做好数据分析。同时销售在于数据的追踪和对比，对比的前提要建立科学的数据模型，比如建立门店的“零售密码”（日销售额权重等）和成长轨迹等模型，有了标准，再做好销售的跟进，做好科学的同比环比，同时针对销售的极值进行分析等，就可以做好数据运营。

4.5.4.2 用价值创造模式画布，建立产品“价值创造模型”

管好产品，首先要管好产品的进、销、存。要建立工具监控产品的动销率、售罄率，库存周转，库龄等关键指标。同时要了解产品的销售结构，进行价格段分析、品类占比分析、TOP 产品分析，确保品类销售合理。最重要的是要分析用户的“购物篮”即购买订单，用户是否买了人气产品？是否连带的强相关产品？用户的客单价是否合理？分析出来问题后再进行陈列调整，联合促销等动作改善问题。了解每个产品的生命周期，对产品生命周期的管理是产品运营的核心能力，需要对行业、市场及竞品保持高度敏感，对产品供需了如指掌，部分 3C 流通性产品还要了解二级市场的价格，在产品不同的生命周期，做不同的营销动作，把控销售节奏，快速导入产品，延长产品生命周期，果断收尾，这是一个不断学习和总结的过程。新零售运营人员要掌握挖掘爆款产品的功能卖点和知识卖点能力，打造爆款产品模式。

4.5.4.3 活动运营能力

策划活动是运营的重要手段，做活动策划之前一定要考虑品牌调性，切忌为了做活动而做活动，最终稀释品牌也误导消费者。还要考虑活动的目的，是宣传品牌还是提高销售额，根据目的进而确定可做的活动形式和 ROI，同时做好活动准备和流程把控，最后做好活动总结和评估。

4.5.4.4 爆款产品组合的运营能力

产品组合运营是一种综合的整合营销能力，需要对用户、需求、场景有深刻的洞察。产品组合运营首先要对产品有深刻的了解，需要有符合现代人审美和精神需要的产品推广方式，需要凸显产品体验、提高决策效率的商品陈列，也需要能帮助用户了解产品卖点、对生活益处的话术和演示。

4.5.4.5 爆款内容运营能力

内容运营就是持续关注内容从生产到消费再到流通和传播的全过程。内容运营首先要有正确的定位和调性，并始终如一地坚持，形成风格和标签。

爆款内容分为爆款软文和爆款短视频，同时爆款内容要形成新零售知识社群的知识产品体系，爆款短视频要成为新零售知识社群的视频节目，这些爆款内容要让客户深度学习和系统学习，并且与爆款产品形成知识卖点爆款产品组合。在今天一个好的内容运营，不仅取决于它的分发渠道，组织和流通，更在于它的内容是否真的好，内容的核心打动力，源于内容生产者不同于他人的、极度细致入微的和深度的经历、体验和思考。而且内容生产者也要深度理解企业价值观，比如在小米写的产品内容核心一定不会是标题党，不会把内容当成宣传手段，而是把内容当成“与用户交朋友”的工具和媒介。

4.5.4.6 构建运营规则能力

用户体验流程

创建一个用户体验运营流程，就要从用户第一次点击页面或者看到门店的第一眼的感受一直到用户的客服和售后服务，再到他的二次购买形成闭环，基于这点如果你把售后和客服看成用户体验链条的一部分，就会积极收集问题和用户反馈，改进用户体验，进而创造用户 MOT 收获口碑，而客户和售后的员工是无法对整个体验链条负责的。因此新零售模式运营人员要设计一套用户体验流程。

资源叠加规则

这里的“资源叠加”是指总公司和城市合伙人的销售渠道资源叠加，是指总公司、城市合伙人和渠道合伙人之间现有客户资源的叠加。具体资源叠加规则：总公司共享全部价值生态链销售渠道和新零售知识社群给城市合伙人。城市合伙人开放全部销售渠道和现有客户资源给总公司和其他城市合伙人。

产品组合原则

这里的“产品组合”是指总公司的爆款产品与城市合伙人提交爆款产品组成功能卖点爆款产品组合模式或者知识卖点爆款产品组合模式；具体产品组合原则如下：每位城市合伙人可向总公司提交一款爆款产品与总公司爆款产品构造一套爆款产品组合，借助整个价值生态链销售系统拓展渠道。每位城市合伙人提交的爆款产品，必须有明确利润分配方案。爆款产品组合模式的单项爆款产品输入计划是由总公司的新零售知识社群运营人员统一制定。

4.5.5 运营能力与中台能力

中台系统作为支撑和链接的作用，链接了前台与后台，支撑后台技术提升，为生产、商品营销指明方向有着重要作用。

基于市场需求，中台的业务中心涉及订单归集、分配管理和商品统一管理等多个方面。有效做到监控调节，节省成本的同时，还能精准营销，刺激市场，提高客户满意度。

作为一种组织架构模式，“中台”突出的是规划控制和协调的能力，而“前台”强调的是创新和灵活多变。同样地，引申并运用到业务设计概念中，这是一种快速设计和迭代的方法。“中台”突出整个设计的总体和协调性，而“前端”强调设计的创新和适应性，又或者说差异化。

“大中台”是什么？概括起来就是为业务产品提供快速设计方法和系统性后端服务而诞生的同质化的操作流程和统一化的产品服务。而为什么会有“大中台”呢？我们总结了业务产品的特性，即操作流程同质性和产品功能趋同性。

那么为何需要“大中台”呢？因为一套“大中台”系统可以同时运用在许多运营设计和服务中，所以“大中台”可以在同时开发多种运营平台的互联网企业里节省设计、开发和运营成本。有了完整统一的后台服务、客服系统、运营系统、仓储物流系统等，就可以将这些整合打包以服务于多个前端系统了。

“小前端”又是什么？“小前端”是基于“大中台”的基础上，为不同特性的运营模式提供差异化的设计服务，总的来说，就是突出产品特性，提升细节体验。在使用统一大中台的多个前端平台中，需要突出产品特性和差异化以及不同的产品定位，所以就需要设计不同的小前端来细化和提升用户体验及产品感知。

4.6 未来零售：人工智能

4.6.1 关于人工智能

“人工智能（Artificial Intelligence），英文缩写为 AI。它是研究、开发用于模拟、延伸和扩展人的智能的理论、方法、技术及应用系统的一门新的技术科学。人工智能是计算机科学的一个分支，它企图了解智能的实质，并生产出一种新的能以人类智能相似的方式做出反应的智能机器，该领域的研究包括机器人、语言识别、图像识别、自然语言处理和专家系统等。”

这是引用百度关于人工智能的一段标准介绍。如果我们把它再形容得简单一点，那么人工智能就是可以代替人去做一些需要识别和判断的事情。重点在识别和判断。

回顾人类以往的历史进程，我们发现，几乎大部分工作是需要我们监督，亲力亲为的。不说工业时代的流水化作业场景，我们就谈谈中国传统的劳作内容——种地。

种地的前提是耕地，而在耕地的时候我们会利用牛拖动犁来破碎土块耕出沟槽，从而为播种做好准备。

在劳作中我们需要牛持续而专注的动力供应，但更重要的是需要有人去做监督与指导。否则你光凭一头牛是没办法规范而有原则地作业的。不谈没人监督牛会不会偷懒这个问题，你耕得过于凌乱或者耕到隔壁邻居地里也得影响邻里和谐不是。

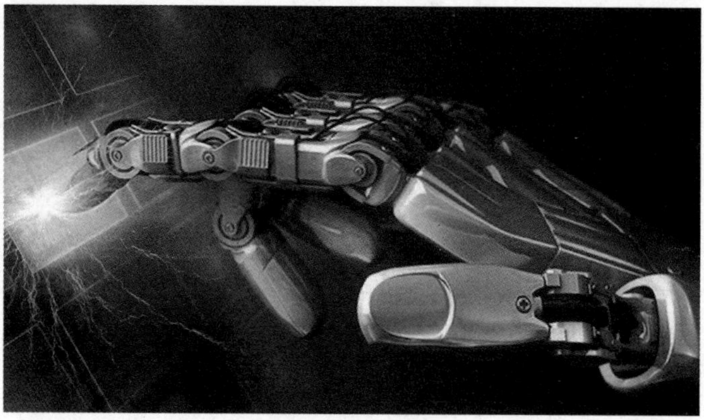

人工智能的时代来临

而监督和识别就是人工智能要做的事。它会监督牛偷不偷懒，耕地的轨迹是否符合播种标准，在影响邻里和谐之前给到有效警告。也就是说，人工智能的初衷作用就是帮人去完成那些不得不亲力亲为的工作。当然，这是初衷和愿景。目前由于各种原因和限制，人工智能的现状只能称作“有多少人工，提供多少智能”。当中很大一部分原因是来自于社会上各种言论与看法。

“我们已经拥有原始形式的人工智能，而且已经证明非常有用。但我认为人工智能的完全发展会导致人类的终结。”一位老先生在接受英国广播公司采访时如是说。《终结者》的电影情节是他担忧人工智能的原因。单就观点本身而言，似乎很科幻，容易招人嗤笑。但是当你知道这个观点出自一位20世纪享有国际盛誉的伟大物理学家时，你就不得不重视它，并且深思其中的可能性以及事件发生后的严重后果。是的，这位先生正是来自英国牛津的伟大物理学家——斯蒂芬·威廉·霍金（Stephen William Hawking）。他著作的《时间简史》对宇宙起源、空间、时间的阐述让人印象深刻。

所以我们有理由相信科学家们对人工智能的研究进程绝对不止目前应用的那些程度，毕竟“AlphaGo”击败世界围棋冠军这件事充分展现了人工智能的上限远远超过我们的想象。

而无法全面普及运用于社会中的原因，应该是大家都在担心通过图灵测试的那些机器人会不会做一些比较出格的事情。毕竟太多好莱坞电影已经向我们展现了那些出格的机器人不太友好的处世方式。

但实际上舆论也不是“一边倒”，凡事有利有弊有正有反。也有人认为人工智能是当前社会不可避免的发展趋势，我们应该热情拥抱它。并且为它拨乱反正的这位在人工智能领域具有相当丰富且具有说服力的实践经验。他早在 1988 年就开发了“奥赛罗”人机对弈系统，击败了当时获得过国际象棋世界团队冠军荣誉的 Brian Rose，也曾协助 IBM 组织深蓝团队（深蓝超级计算机于 1997 年击败国际象棋大师 Garry Kasparov）。他就是在苹果、微软、谷歌均有履历的李开复先生。在 2017 年 5 月份他还与王咏刚先生一起出版了《人工智能》一书。该书细致阐述了人工智能对于当前社会发展的必然性及运用实例。

其实在我们回顾历史时总会发现一个相似特征。每当人类发展出现重大变革时，就会出现很多争议。反对的、质疑的，以及拥护的。但无论过程如何，结果始终会随着时间尘埃落定。所以在当下，我们应该积极面对人工智能的出现及普及。无论它在我们生活中将扮演何种角色，我们都应该提前做好准备。拥抱它，同时警惕它。

4.6.2 人工智能发展史

谈人工智能发展史，我们就必须聊聊它的父亲——艾伦·麦席森·图灵（Alan Mathison Turing）。他是一位来自英国的数学家、逻辑学家，也被现在的人们称为计算机科学之父，人工智能之父。

其他荣誉与成就抛开不谈，今天主要聊一聊这位英国绅士对于人工智能诞生的作用及意义。

1949 年，作为曼彻斯特大学计算机实验室的副主任，图灵先生编写并出版了《曼彻斯特电子计算机程序员手册》，成为世界上第一位把计算机实际用于数学研究的科学家，并且在后续进行数理逻辑方面的研

人工智能之父：艾伦·麦席森·图灵

究时，提出著名的“图灵测试”。按照图灵的解释：如果一台机器能够与人类展开对话（通过电传设备）而不能被辨别出其机器身份，那么称这台机器具有智能。

同年，图灵还预言不久的将来会创造出具有真正智能的机器的可能性。于是乎，能否通过图灵测试成为一个判断人工智能水平的高等门槛。而这个门槛在2014年6月，由俄罗斯的一个团队跨过。

该团队开发了一款名为“尤金·古斯特曼”（Eugene Goostman）的计算机软件，成功地通过了英国雷丁大学组织的一项测试，让33%的测试人相信它是一名乌克兰的13岁男孩。

但这是在“图灵测试”提出后64年后达到的成绩，这64年间人工智能的发展可谓跌宕起伏。

1954年美国人乔治·戴沃尔设计了世界上第一台可编程机器人。

1956年夏天，美国达特茅斯学院举行了历史上第一次人工智能研讨会，被认为是人工智能诞生的标志。会上，麦卡锡首次提出了“人工智能”这个概念。纽厄尔和西蒙则展示了他们编写的逻辑理论机器。并且“逻辑理论家”程序能够证明《数学原理》中前52个定理中的38个，其中某些证明比原著更加新颖和精巧。这一断言后来被约翰·塞尔称为“强人工智能”，即机器可以像人一样具有思想。

时隔10年之后，来自美国麻省理工学院（MIT）的Joseph Weizenbaum（约瑟夫·魏泽鲍姆）开发了世界上第一台聊天机器人ELIZA。ELIZA最有名的程序是“DOCTOR Script”，它模仿在最初的精神病面谈中非定向精神治疗师的答复。然而具有讽刺意味的是，即使产生于人们身上的情感反应使魏泽鲍姆相信系统有极大价值，但他从未把它看作人工智能系统。

1966年到1972年，美国斯坦福国际研究所（Stanford Research Institute，SRI）研制了移动式机器人Shakey，并为控制机器人而开发了STRIPS系统。Shakey是首台采用了人工智能学的移动机器人，引发了人工智能早期工作的大爆炸。

可以说20世纪50～70年代是人工智能发展的黄金年代，但接替黄金年代的不是蓬勃发展，而是为期10年左右的低谷期。

20世纪70年代初，人工智能遭遇了“瓶颈”。当时的计算机有限的内存和处理速度不足以解决任何实际的人工智能问题。要求程序对这个世界具有儿童水平的认识，研究者们很快发现这个要求太高了：1970年没人能够做出如此巨大的数据库，也没人知道一个程序怎样才能学到如此丰富的信息。由于缺乏进展，对人工智能提供资助的机构（如英国政府、美国国防部高级研究计划局和美国国家科学委员会）对无方向的人工智能研究逐渐停止了资助。美国国家科学委员会（NRC）在拨款2000万美元后停止资助。

经过10年的低谷后，终于开始迎来繁荣发展。一类名为“专家系统”的AI程序开始为全世界的公司所采纳，而“知识处理”成为了主流AI研究的焦点。日本政府在同一年代积极投资AI以促进其第五代计算机工程。人工智能发展重任转至亚洲。1981年，日本经济产业省拨款8.5亿千万美元支持第五代计算机项目。其目标是造出能够与人对话，翻译语言，解释图像，并且像人一样推理的机器。其他国家纷纷做出响应，DARPA也行动起来，组织了战略计算促进会，其1988年向AI

的投资是1984年的三倍。

但这并不是AI春天的到来，反而在20世纪80年代末，人工智能“AI之冬”一词由经历过1974年经费削减的研究者们创造出来。他们注意到了对专家系统的狂热追捧，预计不久后人们将转向失望。事实被他们不幸言中，专家系统的实用性仅仅局限于某些特定情景。到了20世纪80年代晚期，美国国防部高级研究计划局（DARPA）的新任领导认为人工智能并非“下一个浪潮”，拨款将倾向于那些看起来更容易出成果的项目。

而经过最后一次的波折，从1993年到现在，人工智能终于渡过了一个算得上春天的时段。

1997年5月11日，深蓝超级计算机成功战胜国际象棋世界冠军卡斯帕罗夫。

2005年，斯坦福开发的一台机器人在一条沙漠小径上成功地自动行驶了131英里，赢得了DARPA挑战大赛头奖。

2007年，奇耶等人创立Siri，当时的Siri只是iOS中的一个应用。苹果公司在2010年4月28日完成了对Siri公司的收购，重新开发后只允许Siri在iOS中运行。

2010年，塞巴斯蒂安·特龙领导的谷歌无人驾驶汽车曝光，当时已经创下了超过16万千米无事故的纪录。

2011年，Watson（沃森）作为IBM公司开发的使用自然语言回答问题的人工智能程序参加美国智力问答节目，打败两位人类冠军，赢得了100万美元的奖金。

2016年，AlphaGo战胜围棋世界冠军李世石。终于，年过半百的AI实现了最初的一些目标。被成功地用在技术产业中，不过有时是在幕后。这些成就有的归功于计算机性能的提升，有的则是在高尚的科学责任感驱使下对特定的课题不断追求而获得的。不过，至少在商业领域里AI的声誉已经不如往昔了。各种因素的合力将AI拆分为各自为战的

李世石和 AlphaGo 在比赛中

几个子领域，有时候它们甚至会用新名词来掩饰“人工智能”这块被玷污的金字招牌。AI 比以往的任何时候都更加谨慎，却也更加成功。

4.6.3 人工智能在零售中的应用

新零售浪潮已拍打整个零售行业两年多了，众多企业都在探寻转型新零售的方法与契机。我们都知道重构人货场是转型新零售的关键节点。事实上，人工智能在零售的人货场中都有存在的必要，都在重塑传统零售。首先是从人身上进行运营，得到或者说是引导他提出需求。然后我们拿着需求以快速反应能力定制出货。最后通过场来进行交付交互。

4.6.3.1 重构“人、货、场”——人

近两年大数据分析在行业内非常火暴。最早提出“大数据”时代到来的是全球知名咨询公司麦肯锡，麦肯锡称：“数据，已经渗透到当今每一个行业和业务职能领域，成为重要的生产因素。人们对于海量数据的挖掘和运用，预示着新一波生产率增长和消费者盈余浪潮的到来。”

身在互联网时代的我们，日常生活轨迹全然暴露在网络之上。先不谈这种隐私暴露涉及的人权问题，我们绕过它直接聊一聊我们拿到这部分数据后可以做的事。

大家都知道马云对于大数据是非常看重的，2017 年 6 月 29 日，在天津“世界智能大会”现场，马云针对人工智能做了万字以上的演讲。其中对于大数据这块的描述很有意思，他说大数据是“生产资料”，我们的生产应该都根据大数据来进行准确计划。而阿里巴巴对于 DT 方面的运营确实处于领先地位。通过淘宝、天猫、高德、陌陌、微博等触点层，他们拿到了我们太多的生活轨迹，并且我们有理由相信他们有能力从中分析出我们的习惯、需求等具有实际价值的东西。

阿里地动仪

别的抛开不说，就谈之前一直推动的“地动仪计划”。笔者本身也在很多客户现场介绍过相关解决方案。大致就是品牌方可以提供本品牌的针对人群标签，并且把标签给到阿里之后，他们帮助我们触达到该类人群，实现精准的潜客触达。并且除了触达之外，他们也能提供相关人群的分布位置，为品牌方提供开店选址的重要指导。

所以在重构人方面，我想更多的是通过 DT 收集消费者的实际需求，然后再进行精准营销，从而达到高转化的运营效果。当然，不敢以偏赅全说这就是重构人的精准定论，只能说这是其中比较有价值的一个点。根据大数据来进行分析运营的重点。

人工智能重塑了对“人”的识别方式，重塑了对“人”的行为记录。通过人脸识别技术，进店顾客能够被迅速识别并核对身份信息，真正将“泛会员”的概念与实践结合——进店即可捕捉并记录，同时让服务人员可以第一时间了解到进店顾客的信息，辅助其销售工作。不仅如此，强大的大数据结合人工智能分析，能够为门店提供详尽的分析报告。

另外，基于个人的交易结果和消费轨迹，通过不断学习，人工智能能够针对用户展示出的商品偏好，建立商品推荐模型，一方面为消费者提供智能推荐，另一方面能够预测销售，这一点在大促时对商品提前备货有非常重要的意义。

4.6.3.2 重构“人、货、场”——货

为了满足不断变化的消费者的需求，制造周期必须要尽量缩短。一些零售商开始使用智能机器来组装衣服或者鞋子之类的产品。

据彭博社报道，2013 年耐克在 Grabit 这家制造型创业公司的 A 轮融资中出资 300 万美元，该公司开发的机器人使用了电磁抓举和机器学习的技术，该机器人可在 50 ~ 70 秒内完成鞋面的定型工作。而这个过程工人的操作时间是 10 ~ 20 分钟。还有消息称，码垛机器人正在耐克领先的服装鞋帽制造公司部署。

品牌首席运营官 Eric Sprunk 曾公开表示：伴随着 30% 的步骤缩减和 50% 的劳动力缩减，我们可以在 30 秒内制造出一双完整的鞋面。

然而除了生产环节，仓库与工厂之间的机器人协同配合，是通往自动化之路上的必经之路。

我们在与大部分自生产客户聊到企业信息化建设的时候，客户经常会谈到一个场景——快反供应链。他们常常抱怨市面上始终找不到一家合格的供应商可以提供这样全面而严谨的供应链系统支撑。其中最大的

阻碍环节就卡在仓储物流这块。并且越来越多的人开始在网上购物，更伴随着双十一这样的电商狂欢节。不管全渠道还是纯电商经营，订单处理中心将货物按时配送至目的地的压力越来越大。

Amazon

2012 年，亚马逊收购 Kiva System 是配送机器人进程历史上的里程碑事件。亚马逊的机器人使用机器视觉，深度感知和物体识别以及其他人工智能软件来实现移动重物，抓取包裹等任务。

当然，机器人在未知环境中的抓取，拣练能力还有待提高，然而许多创业公司正在花大力气研究机器人在抓取精密物体时的精确控制。RightHand Robotics，在 2017 年度第一季度的 A 轮融资中得到了 800 万美元来发展单品拣货机器人。Rethink Robotics 主要致力于制造单元的生产研发，同时也在发展物流和物料处理相关技术。其从 Goldman Sachs，CRV，Draper Fisher Jurvetson，Bezos Expeditions 和 GE 资本等公司获得了超过 1.5 亿美元的投资来支持各项研发工作的开展。

人工智能的介入让原先的粗放式管理能够朝着精细化方向发展。商品数字化是第一步，人工智能能够进一步帮助商家搭建完善的商品体系，通过商品识别，提取商品特征，实现多种途径的商品搜索、商品分类管理、商品标签管理及商品结构管理等。

在商品搜索上，我们曾长期依赖文字关键词，但是当消费者在杂志、电视、网络等渠道看到喜欢的商品，却未必能准确描述，而通过图像识别人工智能，就能实现图像检索，为消费者找到匹配的商品。

另外，通过监控店内情况，能够为调整商品布局、商品结构、商品组合提供数据分析支撑，从而提升销售。

4.6.3.3 重构“人、货、场”——场

至于重构场这件事笔者认为需要先聊一聊线上线下。

线上电商平台的繁荣昌盛相信大家都有深刻体会感知，2017 年天猫双十一花了 11 秒达到 1 亿成交量，28 秒破 10 亿，3 分 01 秒破 100 亿。最终成交额破 1400 亿元。这种单日线上电商平台的交易奇迹充分展现了在中国市场上线上电商的成熟与广阔市场的更多可能性。

2017 年天猫双十一

可以说今天现象级的线上交易情景有大部分功劳要归功于马云的阿里巴巴，而创造这一神迹的马云在 2016 的杭州云栖大会上表示：纯电商时代已经过去，未来十年将是新零售的时代——电商将死。未来十年线上与线下必须紧密结合起来。

我们刚刚适应了把场从线下实体店过渡到线上平台，现在又被告知单纯的线上电商或单纯的线下实体店是无法独立存活的。是的，太快了，快得让我们措手不及。电商冲击了实体店，而新零售即将冲击纯电商。历史即将重演，一场大海啸即将席卷纯电商领域。

这个时候我们开始讲说要重构场这个概念。以线上为流量入口平

台，实现对消费者的全域运营引流；以线下为实际交付场景，提供带有温度的实际服务场地。

但我们如果就简单理解这件事其实也确实不难，这不就是全渠道概念框架吗？但如果细细琢磨研究，却又发现全然不同。

线上线下的运营场景与以往发生了太大变化。线上入口开始有Passport、地动仪等运营方式出现。引流不再单单通过电商平台本身，微博、抖音、陌陌等各种平台成为新的营销战场。线下开始倡导智慧门店的延伸，Amazon Go、盒马鲜生等新零售实体店的铺建开设为我们展示了新零售时代实体门店可以做到的多样性。

参加过2017百胜用户大会的朋友相信对我们的智慧门店展示的内容还记忆犹新。

我们当时联合马克华菲、多样屋、林清轩等合作伙伴呈现了当时百胜对于智慧门店能够提供的支撑方案。其中包括天梭计划、地动仪、人脸识别、客流分析、智慧选购大屏及RFID试衣魔镜等等场景。

通过多种线上触点层触达消费者，挖掘其需求让他提供订单之后，我们将其引流至线下，再通过多样化的服务与其交互。提供温度服务的同时塑造品牌形象调性，真正提升消费者的品牌黏性，这是新零售时代对于场的重构。无论是通过线上的大数据分析运营，还是线下各种智能终端硬件服务，这些都是通过人工智能带来的发展衍生，我们无法否认人工智能对于零售行业的重要性及必要性。

无人零售店显然也是人工智能应用的一个优质场景。通过人工智能技术将原先需要服务人员介入的流程转化为技术手段实现，让消费者感觉在消费过程中非常自由。

人工智能结合硬件设备，为消费者提供了多种门店内互动游戏，给消费场景增添了更多的趣味性。当然，在一些传统商场中的痛点，人工智能也能提供一定的解决方案。例如，找停车位这样一个小却重要的需求，能够通过智能停车找车技术去实现，优化消费者体验。

4.6.4 人工智能与企业中台

想要做到上述重构“人、货、场”的零售运营场景，可知需要多种针对性的信息化管理系统进行支撑。

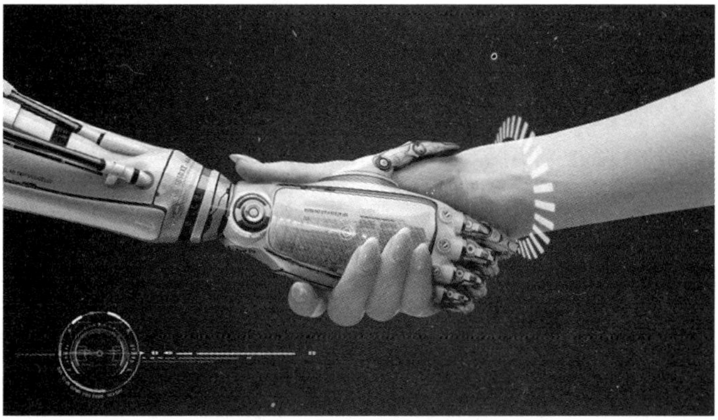

人工智能与企业中台

重构人，需要强大的 CRM 运营能力，多渠道下繁杂的会员信息包含了太多重复、无效等基础问题。第一步便是要进行会员数据清洗工作。清洗完成得到准确会员信息之后，我们还要有链接各渠道触达的相关通道，以及可进行智能触达任务分配的运营能力。这些需要我们有强大的 CRM 系统做支撑。

重构货，需要先进的生产环节构建以及一个真正的自动化智能分拣仓库，需要有专业 WMS 进行对接管理。

重构场，也要有相关系统对应管控对接各智能硬件终端，收集数据，处理数据，分析结果。而完成这一整套体系构建需要为数过多的系统环境搭建。多套系统的管理维护对公司而言不是一笔小投入，而且系统越多越杂越容易出现问题。中台的出现正是为了解决这一难题。E3 + 全渠道中台应用了云计算、大数据、互联网高可用架构技术。提供全渠道一体化的库存、订单、物流、会员、零售等基础运营管理。除了这些基础运营管理之外，其他的第三方系统依然可以以中台作为主数据中心进行数据的收集、分发、处理。以中台为信息化架构核心，分布式部署各业务管理子系统，进行规范而严谨的信息化构建。

人工智能

数据层：基于中台，沉淀了品牌的商品、订单、会员、交易等业务数据；另外，中台也可以对接第三方平台，获取天气数据，第三方平台的订单数据、订单评价信息等。在数据中台中可以作为一个数据的仓库，实现结构化数据和非结构化数据的整合，实现数据能力的透出。

AI 引擎：数据中台中统一封装了机器学习的框架，可实现传统的机器学习算法，例如，LR，GBDT，SVM，K－NN 等，也包括深度学习算法，MLP，CNN，RNN，LSTM 等。可基于机器学习的深度学习算法，实现数据的自动特征的提取和加工，基于数据进行建模，并进行自动调节、模型更新，并不断地进行算法优化。基于深度学习的机器学习算法，可以深度地自动学习，自动校正，实现自动化的学习训练。

企业平台：基于 AI 的不断学习和优化，在数据中台可以进行数据的透出和展示，进行业务数据的分析和整合，知道企业运营人员进行数据化的运营和分析。进行数据建模，并进行可视化分析展示，进行业务数据建模的效果测试和评估，模拟真实的业务场景，进行业务场景的不断学习和优化，并定期地进行数据模型的优化、更新和自查。

AI 应用层：在 AI 的应用层，实现门店的智慧化运营，精细化管理。例如，使用机器学习，使店长能够快速高效的智能化实现门店的运营。在客户的管理层面，使用机器学习，智能化客户标签，智能发起活动，实现会员的标签化分析，精准地触达。在智能供应链层面，利用 AI 技术，加强对信息、资金流控制，提高供应链效率。在智能运营的层面，借助 AI 技术，为快速扩张与成长赋能，减少人工经验复制的成本。

第5部分

企业中台项目成功要素

5.1 思想理念

5.1.1 自上而下的中台战略思想

在中台系统的建设之前，我们需要自上而下地统一认识中台的概念，以进行后期更好的资源协调。

传统的业务组织架构下，每个渠道都是一个独立的业务组织，该业务组织为自己的考核指标负责，比如门店体系有自己的利润要求、业绩要求、库存率、动销率等要求，该业务组织只会费尽心血地为自己去创造高指标达成率，对考核指标没有帮助的工作任务，大部分的执行层甚至部分管理层无法有积极性去很好地完成该项工作任务，多数人还是站在旁观者的角度，搭把手方便就做一下，不方便就不配合。而毕竟从个体维度的考量来说，这个处理方式本身并没有错，唯一没有到位的是执行层的思考角度以及这件事的利益关系没有给执行者带来足够的利益保障。这是其中的一个方面，单一从某个渠道体系来探究执行力的问题。第二方面是品牌零售企业，内部去兴起的各种考核方式及评比方式，从传统业务上看，通过内部竞争，给每个渠道带来业务发展的动力，但是如果竞争进入到某一个阶段，大家都有库存率的考核，而最简单的企业渠道分为“电商+线下”，这时候电商为了库存率说电商不订货了，线下负责交付，但是线下却背着该商品的库存考核，此时，如果商品属于平销或者滞销商品，线下体系不会有激烈的想法，但是如果涉及线下的畅销商品，大部分的线下体系还是愿意货从本门店出，毕竟对于线下来说货源是很大的比重问题。

从几个以全渠道为建设第一落地目标的客群来看，中台建设之初，由顶层设计者向下进行思想的贯彻后，并在项目启动之初基于顶层设计者的强势关注，经过一段时间后，是否各个原有渠道真的被融合到一个体系内进行全渠道的执行，除了必要的中台思想传输外，作为顶层者，仍然需要去思考，不调整整个组织架构，是否可行？不调整组织架构下的考核体系，是否可行？高层注重战略，而落地到执行面，操作者与基础的管理层还是以利益为最根本的驱动因素。

因此，一旦企业真正决定做中台，整个体系的中台战略思想就需要重构，渠道不再是区分的根本，每个人甚至每个小组织都由快速变化的业务端组成。中台战略思想应该被快速的交由每个小组织进行执行，而非交由一个庞大而冗余的渠道组织执行。

5.1.2 如何宣导中台理念

大家都知道2018年阿里巴巴的战略核心是中台，但其实阿里巴巴的中台战略是在2015年提出的。通过中台整合淘宝、天猫、支付宝、阿里妈妈、1688等BU，建立用户、商品、交易、评价等共享的业务中心，将整个集团的运营数据能力、产品技术能力，形成对前台业务的强有力支撑。以构建在数字化背景下，更加创新、更加灵活的“大中台，小前端”的组织机制和业务机制，以更快地适应当前瞬息万变的市场。

其实，阿里巴巴启动中台战略的原因是在2015年的时候，马云带领阿里巴巴的高管们，考察了位于芬兰赫尔辛基的一家移动游戏公司SuperCell，号称是世界上最成功的移动游戏公司。SuperCell以小的业务团队进行游戏开发一般是2~5个员工，最多不超过7个员工，组成独立的开发团队，所以称之为Cell（也有人成为TwoPizzas，两张披萨够吃的团队），这也是公司名字SuperCell的由来。由这个Cell团队决定，自己决定做什么产品，然后最快速地进行公测，然后推向市场，看市场反应，或放弃，或迭代开发。

SuperCell 的开发模式是将开发过程中的通用或共用的开发素材、算法等知识进行很好的知识沉淀，进行共享输出。使得 SuperCell 公司几个小的团队在几周时间就可以研发出一款新游戏，并进行市场投放。

SuperCell

正式基于本次考察，阿里巴巴的高层领导们下定决心去进行组织架构以及技术架构的调整，这就是大家所熟知的“大中台、小前端”的阿里巴巴共享事业部，以及阿里中台战略的由来。

从中台的发展史来看，去贯彻中台的理念，是让品牌体系整个先协同，再个性。因此首要的条件是协同，基于未来业务要做的互通性数据以及共性的数据进行中心化的搭建，然后再基于各个渠道体系的紧急、必需型业务问题进行建设，最后基于个性化业务进行前端的打造。这个在后续信息化迭代过程中，是一个耗时的过程，对于业务部门来说，相当于同时去改造多个业务组织的信息化，这个过程会让各个业务组织都有心理准备，往常信息化上线的节点是，先解决业务部门重要以及紧急的事情，而现在却不是如此。所有业务部门需要有中台意识一起克服感受上的难关。

另外，中台项目一定是自上而下的，上层的关注度不该是基于某一个点的推进，而是需要重复给团队进行思想上的调整，重复给项目进行进度的跟踪，重复让操作执行层养成基于中台理念的操作习惯，等习惯养成后，中台的思想落地生根，中台才会在整个体系内被完整认知。

5.2 组织架构

根据康威定律，组织架构和管理模式与系统架构紧密相关。所以，在企业中台项目的建设过程中，企业自上而下除了需要有高度的思想认识外，在组织架构上也需要做到高效的统一。在组织上，统一商品设计中心、生产研发中心、品控中心、采购中心、营销中心、物流中心、财务中心等。通过各个组织中心的沟通协作，能力输出共享，实现中台的搭建，促进企业组织调整，以适应企业的数字化转型。

线上线下部门的整合，不仅是来自于业务过程形成闭环的体系中有双方的参与，更应该从底层数据进行互通，各个渠道提供整个品牌的数据，交由每个渠道进行应用，数据完整性、准确性上有明显的提升。

组织架构下，不应该只是由某个操作层面进行组织架构的调整，比如线下渠道搞个岗位，叫作新零售对接人，所有其他渠道需要配合的体系，以及线下渠道需要其他渠道配合的内容，交由该岗位进行对接，这个岗位如果没有被提升到一个战略级的高度，整个中台到项目执行会遇到极大的困难，执行层与执行层之间的交流沟通，一定程度上并不具备战略思考能力，太多的处理会变得困难重重，项目受到阻碍。

新零售部门是必须组建的一个组织，不管是实体组织还是虚拟组织，这个组织一定对它所涉及的业务中心创建具有高层沟通权、决策权、激励权、行政权等被顶层赋予的能力，否则该组织会与传统组织产生差异，该差异会让这个组织形同虚设，最后还是回归到各个组织进行各自为战的局面。

组织架构一定程度上会与信息化架构有相似的关系，中台本身是基于各个共享中心创建，再基于中心体系向外业务营销端输出共性的能力。而业务营销端的个性化业务，实际的业务开展，未来组织架构的变革，也应该如此。由新零售部门进行中心体系的管理，去承担商品主数据、渠道主数据、库存管理模型等，基于新零售部门的中心策略后，各个营销执行层，基于该策略进行具体的应用，并透出到各自的业务端应用。

5.2.1　线下与线上部门的整合变革

随着整个零售市场，新零售、智慧零售以及无界零售的不断兴起，全渠道、O2O 的概念已经深入人心。消费以后不分线上和线下，而品牌业务就需要从线上贯穿到线下，打造一体化的购物体验，一体化的业务中心。所有在整个系统和企业的组织架构层面，单独的线上和线下的分来管理，已经越来越不能满足新零售形式下的消费者诉求。所以，企业在组织架构的层面上，迫切需要整合线上线下。

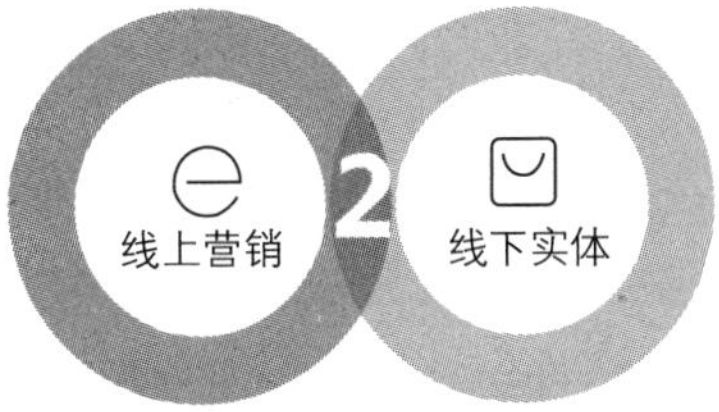

线上线下整合营销

线上和线下不仅仅是数据需要整合，还涉及实际的库存整合、商品整合、会员整合、销售整合、利益整合等问题。这些问题的解决关键是：第一，建立全局的视图，建立基于中台体系的各个中心，每个中心向各个业务前端输出相应的商品体系、库存体系、订单体系、会员体系等内容，然后这些数据供前端进行具体的业务应用，比如库存整合，线上跟线下需要基于中台体系建立库存的实体库数据，基于实体库的数据做库存的整体视图，而基于实体库，业务中台的策略中心设立品牌每个实体渠道对应的可用虚拟库进行管理。这个过程中，我们很容易遇到，每个实体库对于库存开放的程度不能得到很好的统一，每个非直营体系的实体库对于数据及时性的问题需要解决，新零售部门对实体库存进行虚拟库的分配做决策，该决策是否合理，容易出现有单无货或者有货无法下单等情况。新零售部门对于策略的具体执行会有各种合理性与准确性的质疑，也会有各个渠道对于该策略的反感，这可能来自于某一渠道以自身渠道销售为先，而新零售却提前锁定了该渠道的资源，导致该渠道自身销售不能满足，这种情况下，要求新零售部门对于线上与线下各个渠道业务有充分的理解与授权能力，在不伤害原先销售渠道的利益模式下，提升整个货品、订单、数据能力。

此外，线上与线下部门在品牌体系内会有不同的定位，比如某品牌定义，电商渠道从原先的独立销售型渠道，转变为以服务线下为前提的服务型组织体系，随之而来的是，如何让线下体系享受这部分的数据以及业绩。线上与线下的会员体系也会产生不同的通路结果，通路结果下，怎么处理账务与权益体系，也是新零售部门需要去解决的问题。

未来新零售部门，应该不仅仅是一个实体的业务组织，权力组织，更是一个决策与交易组织，承担着整个品牌零售的核心体系，涉及全局的数据汇集、交易汇集、信息汇集的业务承担。

5.2.2 新零售部门的异军突起

自从马云在云栖大会提出“新零售”的概念以来，越来越多企业开始应对零售的变革，打造线下智慧门店、打通线上线下，实现全渠道数字化的运营，整合全域会员，实现会员的精准化营销。为了更好地适应零售的发展，更快、更高效地应对未来零售的生态，越来越多的企业开始成立新零售运营部门，由总裁或者 CEO 直管，更好地推进新零售项目，更好地执行新零售决策，更高效地统筹整个企业的运营建设。

新零售部门对于人才的诉求是多元化的，对每个板块都有了解，深刻理解每个板块的业务诉求以及痛点，不仅仅是单一板块的资深专家，而是跳出某单一板块，从整体上来尝试新型业务，从整体上来规划新零售的决策基础，需要的是一种复合型人才。

从猎聘、智联等招聘网站上，我们不乏看到企业对新零售部门的需求热度，不管是平台方还是品牌方，对新零售这件事情都是一种执着的态度，成立专门的新零售部门、成立专门的新零售信息化项目等。这类新零售岗位往往有以下岗位需求，第三方平台如阿里、腾讯、美团等新零售体系的活动玩法；O2O/全渠道的实体业务操作；智慧门店体系的实操，包含从智慧门店招商到陈列到玩法的落地等等内容，整体情况上看，新零售岗位被品牌企业寄予众望，特别是需要新业务尝试的品牌体系，需要通过新零售业务模式改变的企业，更是提前走上了新零售尝试的道路。

5.3 人员要求

智慧品牌以及企业中台的发展，大量新兴职位被催生出来，不管是传统行业的转型，还是新业态的独角兽，都渴求着能够迅速了解新环境。同时，原先企业内部从高管到一线人员都需要对智慧零售有所认知，如此才能迅速推进企业中台项目，成就智慧品牌。

5.3.1 智慧零售人才技能

在智慧零售浪潮下，我们看到品牌里的人、货、场都发生了深刻的变化，对品牌的数据和运营能力也提出了新的要求。显然，新变化下为了更好地执行，人才能力变得关键，而对于人才的考量与以往又有了不同的方向。

企业对于智慧零售人才的缺口突显，新型岗位开始不断冒出，企业对人才的渴求大大增强，需求旺盛。对智慧零售而言，人才能力的特殊性主要体现在以下方面：

5.3.1.1 复合能力

作为线上线下深入融合，跨界合作越来越多的当下，在零售行业中的复合背景成为人才的重要竞争力。在原先状态下，线上与线下分庭抗礼，各自只关注自己领域的专业能力。但如今线上线下是一体的，都是为了更好地让消费者感受到一致性的消费体验。因此如何具备线上线下的复合背景，将在未来业务开展上更具说服力。同样的，经营不同品类的能力，在不同商品品类中的资源有助于品牌的拓宽发展，打破行业壁垒。

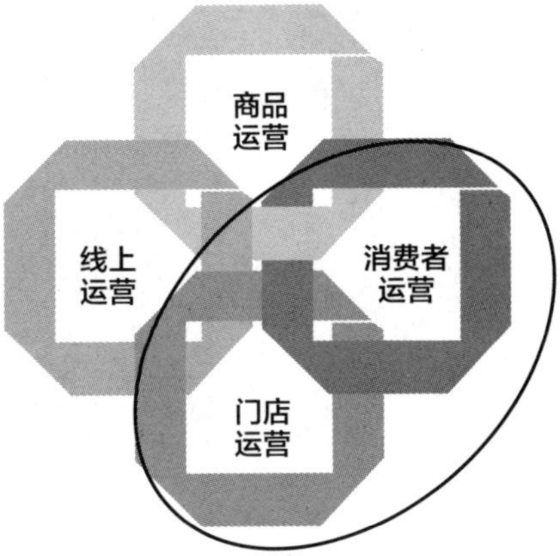

5.3.1.2 数据能力

大数据是智慧零售的底层建设，基于大数据，再去实现更多的内容。对人才能力的要求上更强化数据的采集、分析能力，能够快速从数据中提炼出对品牌运营规划的关键点。

对企业级数据工具的使用也是重要的。

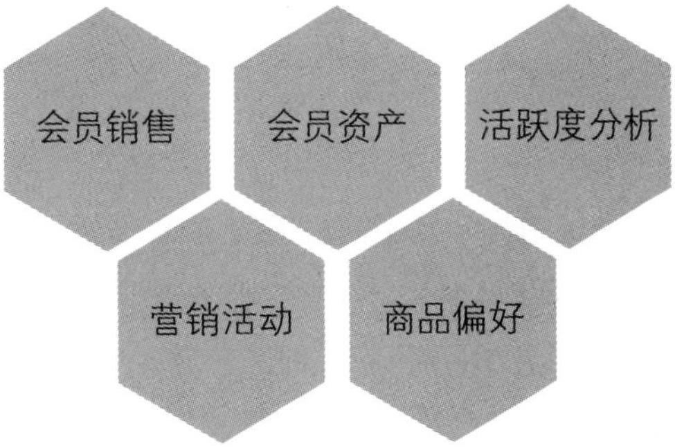

5.3.1.3 深度运营能力

智慧零售当然是需要运营的，而且对于这个时代的运营能力要求更高了。对消费者端来说，他们是越来越难搞的一批人，因此在运营上，需要更加以个性化的方式来带动消费者的深度运营，创造价值。

在内容营销上，积累沉淀，品牌主页承接内容落地；内容生产，实现粉丝和品牌的互动；实现全域触达，丰富触达“可自运营消费者”通道、千人千面的数据能力、多样化营销场景。

分布实现智慧零售的运营，实现零售闭环：拉新促活、活动促销、新品上市、新店开业。

拉新促活

基于全域会员的整合，标签化会员数据，进行会员画像，实现消费者等数据化分析，建立用户常态沟通渠道。

（1）线上线下全域会员招募；

（2）门店周边潜客引流；

（3）线下沉默会员激活；

（4）新会员定向转化。

活动促销

策划品牌的各类营销活动，实现线上线下的终端共振。

（1）品牌店庆日/会员日；

（2）主题场景内容营销；

（3）会员分层精准营销。

新品上市

基于商品交易数据，策划新品发布、新品预售、新品推广，在全域的范围内获取潜客。

（1）新品上市精准圈人；

（2）线上种草（手淘、天猫、微博、互联网广告）；

（3）线上线下买赠权益；

（4）旗舰店/到店成交；

（5）新品兴趣人群二次营销。

新店开业

基于会员画像和大数据选址，圈定潜客，实现开业潜在顾客的精准引流到店。

（1）新店开业精准圈人；

（2）同城老客、潜客蓄水（手淘、天猫、微博、互联网广告）；

（3）开业到店权益（服务预约、优惠券、到店礼）发放；

（4）开业到店人流爆发。

5.3.2 高管：中台意识与高度重视

中台项目中，企业高层的关注程度对于项目的顺利执行异常重要，为了能够更好地落实项目，高层的重视程度就成为重中之重。

对于企业高层来说，对中台的理解有几个关键点：

首先企业中台不仅仅是信息化系统的变革，更是业务流程的变革，是从系统到业务到理念的全面重塑。企业高管只有从意识层面树立起中台意识，才能让各个部门联动，而非IT部门的单打独斗。也只有这样，企业才能不仅仅是做完企业中台系统就宣告完结，而是从组织架构等方面都建立起符合中台理念的品牌。

其次企业中台搭建的过程决策需要参与。企业中台是一个自上而下推进的项目，高管不能做甩手掌柜，因为在实际执行过程中，势必涉及利益问题，涉及改变传统业务的问题，很多时候需要高管的参与决策。

中台的核心思想是整合企业资源，建立核心能力，统一对外支持服务，实施过程中必然会涉及业务流程的调整甚至重新设计，需要高层听取汇报进行决策。

5.3.3　中层：推进能力与利益考量

对企业中层来说，最重要的是强有力的中台执行能力，能够将中台体系推进下去。

在推进过程中，利益的考量同样重要。

线上线下融合的全渠道成为解决问题的法门所在，但也不可避免地触及一个基本问题：渠道间的利益分配。全渠道推进后，门店担心顾客直接从线上购买而业绩不在自己的门店；线上线下价格存在统一悖论；传统方式有地域问题信息问题导致的溢价；经销加盟商希望卖高价赚暴利；部分加盟商不愿意受价格统一限制。

核心问题在于内部利益如何分配平衡，如何形成渠道间的合力？对企业中层而言，必须理解以下利益关联。

利益的问题自然要靠利益去解决。企业中台涉及全渠道问题，全渠道要做，就要明确各方的利益点以及利益分配。

对于品牌而言，品牌通过全渠道中台能够实现以下利益：

树立统一化的品牌形象

线上线下的融合让消费者可以用任何他所偏好的渠道触达品牌，并且触达到的品牌感知是一致的。品牌形象的一致性有助于强化顾客对品牌的认知，形成品牌偏好和品牌忠诚度。

完善消费者体验

渠道融合后，线上商品的丰富度和库存深度加大，配合云货架、极速达、落地配等全渠道业务手段，能够让顾客感受到更完整的品牌商品，打破地域限制，让顾客更快地获取商品。

线上下单，门店发货；线下体验，线上下单等全渠道场景均可应用且做到同款同价，顾客购物更加方便，提升顾客对品牌的好感度。

整合加盟商会员信息

层层的加盟体系，让品牌的会员实质上仅仅留存在加盟商系统中，而并不掌握在品牌手中。全渠道体系的建立，可以从系统角度改善加盟商 POS 系统、会员系统，让加盟商的会员得以整合至品牌，基于会员数据，品牌可以再进一步进行会员分析，做精准营销，促进二次销售，提升会员黏性。

同样，如果涉及加盟商，那么也要明确加盟商利益才能说服大家一起参与全渠道中台业务。对加盟商来说，全渠道是有利而非弊的。

商品“通”才能“活”

做全渠道，首先就是在解决“商品通”的问题。渠道掌握的商品和库存有限，如果只是在有限的环境下流通，这只是一个小小的池子，流转定然是缓慢而有局限性的。全渠道的介入，通过系统的打通，让各个池子之间贯穿，池中就是活水，商品的流转率和丰富性得以提高。总部可以根据路由规则选择最合适的门店进行发货。全渠道业务模式在某种程度上对于门店淡季而言，可以起到门店补贴的作用。对于门店而言，这是多了渠道进行销售，而不是竞争。

业务“统”才能“快”

全渠道体系的建立也是一种赋能，是技术化的赋能。加盟商对于商品、库存、订单等的管控与系统构建通常并不完善，加盟商本身的力量也存在局限性，相对于自行摸索，从总部汲取力量，依靠总部自上而下强大的体系支持显然是更有效率的方式。

统一高效的系统地体系建立之后，依赖系统化的业务流程，导购可以有标准化的工具辅助销售，提高了人工效率，减少了无效工作，让业务流程更顺畅更快速。

正如劲霸男装在推动全渠道业务中所说的，直营体系的推动是公司行政行为，加盟商推行则是市场行为，只要保证利益得当，加盟商比直营体系更容易推动。

明确了各方利益后，全渠道才有可能在品牌和加盟商的共同推动下朝着健康的方向发展。对于全渠道业务带来的销售利益分配，要根据触点的经营成本、商品货权的归属、销售货款的收取者、商品利润率的高低、销售和服务的工作量等多维度进行评判，并不是人云亦云，照搬其他。利益的分配没有标准值，甚至在同一品牌的不同阶段也会存在差异。

5.3.4 一线：执行能力与适应能力

对一线人员的执行能力要求也是极高的，需要其能够迅速学习企业中台使用及相关知识。

一线人员对于智慧零售的包容与适应同样重要。企业中台的推进过程中势必会与传统零售的玩法存在不同，例如在各种前端活动的内容上，都会有新的全渠道式的玩法。另外，在企业中台搭建的过程中会面临很多问题，一线人员要能够了解创新初期的阵痛，并指出问题，对系统进行反馈优化。

5.4 业务执行

5.4.1 选择合适的合作伙伴

对于智慧品牌的中台之路而言，确定了企业中台战略后，首要便是的选择合适的合作伙伴来进行中台项目。对品牌企业而言，市场上有众多信息系统供应商可供选择，企业不需要也难以完全自建系统。企业面临选型问题的时候，首先要对产品有详尽的了解，需要具备更多方面的能力支持品牌面对未来智慧发展的能力，这方面内容在“解构中台”部分有详细讲解，可以对照进行研究。其次除了产品本身之外，我们还要关注合作伙伴其他方面的能力。

5.4.1.1 有实践

企业中台的项目是对传统信息化系统的变革，对品牌来说，是比较大的信息化改变，且其涉及的业务是方方面面的，对于如此重要的项目，在选择合作伙伴的时候，需要选择在中台项目有实践经验的伙伴。有实践经验的伙伴能够快速了解企业的问题，实施起来更有保障。

当然，目前市场上具备中台实施的案例并不是很多，企业不需要过多纠结在合作伙伴在同行业内的实践经验。因为企业业务间是相通的，而且在“中台解构”部分我们曾了解到，中台构建应当是能支持全行业的，因此这些实施的思路是相通的，最关键的是要看全渠道等业务的实践经历，能否赋能给企业。

5.4.1.2　有理论

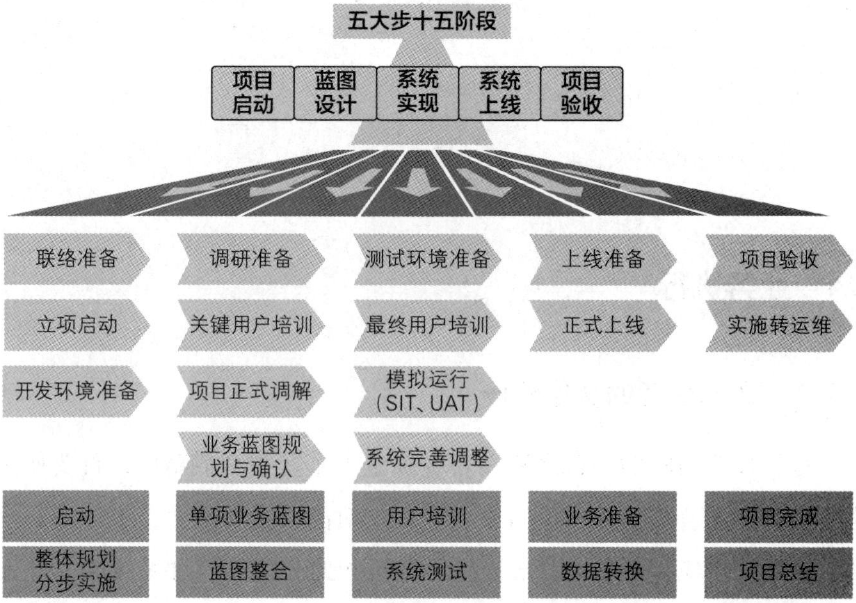

中台实施方法论

不仅要有实践经验，有理论沉淀的伙伴更能对品牌产生有利影响。以百胜软件为例，百胜软件在实践中总结了一套“五大步十五阶段”实施理论，帮助品牌更好地把控项目，促进中台项目成型。

在“五大步十五阶段”的实施理论中，每一步对应相应的阶段，将实施的阶段与步骤详尽列出，流程清晰，一方面保证合作伙伴实施过程中的规范性、标准性，在理论框架下，实施顾问能够按照框架逐步进行，能够有较强的过程管理能力。另一方面，企业也能够根据这些流程步骤来跟进项目后续发展。

5.4.1.3　有能力

在中台项目中，由于涉及面广，业务复杂，对于合作伙伴的顾问能力显然提出了更高的要求。在评估顾问能力的时候，企业至少需要关注两方面的顾问能力。

一是顾问的业务能力。企业中台战略是基于中台系统，但绝不止于信息系统，我们更多地看到在企业中台战略中对于业务的变革。因此，对于合作伙伴的顾问而言，不仅要熟悉信息化工作，还需要具备丰富的业务能力，顾问能够非常快速地理解企业传统业务，并结合中台体系与智慧品牌能力要求为企业设计方案。

二是顾问的组织协调能力。中台项目涉及各个业务部门，因此合作伙伴的顾问需要有较强的组织协调能力，能够很好地进行项目管理，确保项目稳步推进，同时协调各部门的利益相关，促进大家共同推进项目发展。

5.4.2 有条不紊的流程规划

在企业中台项目中，会遇到各种问题，项目周期长、接口多、需求多，导致难协调难沟通，且中台项目可参照少，企业要摸索自己的个性。在这种情况下，一套行之有效的项目流程就显得很关键。

5.4.2.1 项目启动

组建团队

有效的项目组织有助于中台项目在推进过程中的快速执行，明确的组织结构将有助于项目成员对自己角色的认知，确认不同角色的权责与资源安排。

通常来说，我们建议采用以下的项目成员结构。

首先，需要企业与合作伙伴建立起决策委员会，决策委员会对项目的规划起到决定性作用，也是后续工作的主要决策者。决策委员会需要有企业的高层、项目经理以及关键人员的参与。这里的关键人员主要指的是对业务有深入了解的，对业务推进有重要作用的人员。同时，决策委员会中也需要有合作伙伴的高层、项目经理及实施顾问。企业高管的介入是为了项目得到重视，同样的，合作伙伴高管的介入也是让合作伙伴团队引起重视，项目过程中出现问题能够第一时间解决。

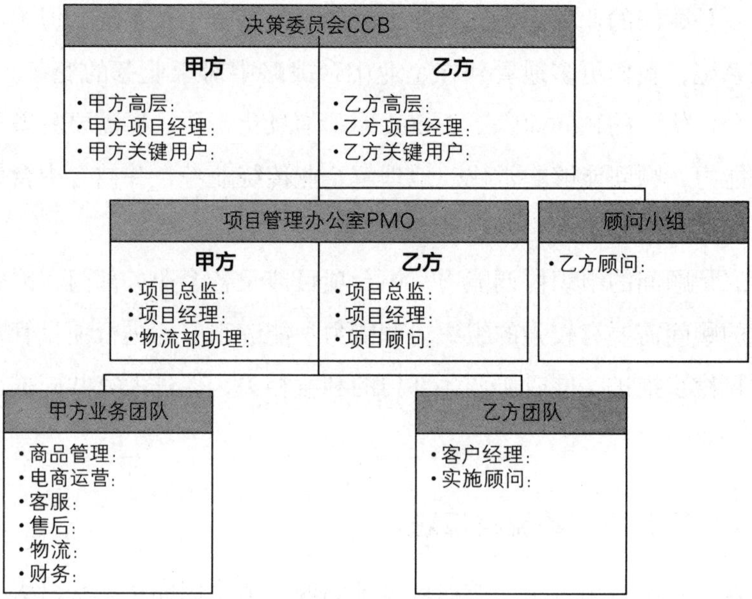

中台项目实施项目组

在决策委员会之下，需要负责具体实施的项目管理办公室，由企业的项目总监、项目经理、物流部门及合作伙伴的项目总监、项目经理和项目顾问构成。项目管理办公室负责项目具体的执行规划。这里需要强调的是由于中台项目对于企业物流的重塑最为显著，因此，物流部门在项目管理办公室中占据一席之地，以确保执行的可行性。

在执行过程中自然由双方的业务团队协同作战。在这个团队里企业需要商品管理、电商运营、客服、售后、物流、财务等部门的共同参与。

当然，在整个团队组织中，需要合作伙伴的资深顾问介入，把控项目方向，保证执行正确。

与合作伙伴沟通

项目启动阶段与合作伙伴深入沟通的目标主要是明确企业业务背景，同时对项目目标、范围达成一致，做好把控。

在这个阶段，企业有些需要关注的内容，以防因沟通不畅导致问题。

第一，保证相关业务部门关键业务人员均参与沟通。对业务梳理得越清楚越有利于企业中台项目的成功执行。不能认为中台项目是个别部门的事情，智慧时代的业务错综复杂，牵一发而动全身，更需要各部门协同运作，因此，部门的参与程度是非常重要的。另外，参与沟通的部门成员也十分重要，需要有丰富业务经验的骨干参与沟通，才能更清楚地梳理出企业业务。

第二，工作方法口径达成共识。企业与其合作伙伴毕竟是两家公司，在工作方法上可能存在一定的差异，但这种差异如果不在一开始就通过充分沟通达成一致，很容易在具体执行时出现错误，导致系统难以上线或是上线后错误百出。举个简单的例子，我们在中台搭建过程中涉及数据整理的工作，而在沟通中，合作伙伴与企业未能就数据条目明细进行充分沟通而达成一致，导致工作人员第一次整理的数据资料不符合要求，需要重新整理，从而导致工作的重复浪费，也损害了工作人员的积极性，后续配合工作更加困难。而这种情况显然是可以规避的，在工作前期将具体需求与文档明确列出来，就能够减少不必要的麻烦。

第三，明确项目边界与实施主次。为了避免双方未来对于项目实施的扯皮，我们在一开始就应该明确好项目执行的边界，需要达到的效果，作为项目实施的重要目标。当然在执行中，我们会遇到各种各样的问题，在初期我们应该明确主次，以防未来被各类小问题所困扰，导致项目停滞不前。例如，报表是每家企业高管都希望能看到的内容，在实际实施中，一些个性化报表并不影响整体业务的行进，但如果因为个别报表出不来而耽搁上线计划那就得不偿失了。这时候就需要在前期规划中明确重要性，一些细枝末节可以留待日后处理。

项目启动大会

项目启动大会并非形式主义，而是通过启动大会在品牌企业内部树立起项目的重要性，体现高层重视程度。

梦洁家纺企业中台项目启动大会

通过项目启动大会，企业应当能够明确以下几件事情：

第一，通过启动大会让企业内部成员都了解企业中台项目已经进入到正式开展阶段，在企业内部宣导贯穿中台思想。

第二，与合作伙伴明确项目目标与范围，通过启动大会进行进一步确认，也让更多人了解项目，统一共识。

第三，明确项目里程碑规划，从而让项目成员和决策高管能够清楚地了解在各个阶段应该做什么事情，达到什么样的效果，从而把控项目进度。

第四，授权项目相关成员，保证人员实施。根据前期的项目团队架构，在启动大会上要明确这些团队成员的权责，这样才能让他们顺利调动公司资源，也能够了解自己的职责，避免日后工作推诿的情况。

5.4.2.2　蓝图设计

蓝图设计是项目执行中的重要参考，也是项目实施完成后的重要比对。因此这一阶段对整个项目运作意义重大。

关键人员培训

项目关键人员对系统的了解程度是非常重要的。在蓝图设计开始前，品牌就应当要求合作伙伴对项目关键人员进行培训，只有企业人员在熟悉系统与业务的基础上，才能对其提出改进意见，进行优化。

这里的关键人员，主要分为三类，针对这三类人也需要采取不同的培训方式。

第一类：管理人员

对管理人员的培训集中在对中台战略理念的灌输上，管理层需要建立起中台战略的理念，同时，由合作伙伴培训其他品牌企业中台项目案例，对中台项目整体有更深入的了解。

第二类：业务骨干

业务骨干在项目推进中有重要作用，所以对他们的培训是最为细化的。不仅需要灌输中台理念，宣讲案例，同时更要明确细节，这时候可以对合作伙伴有更精细化的要求，从而来帮助业务骨干在未来文档输出和培训一线上有更大的能力。

第三类：一线人员

一线人员主要进行业务操作上的培训，这部分主要由业务骨干来主导完成。业务骨干结合自身在业务方面的沉淀和接受的培训，输出内部一线员工可以理解、易于学习的培训材料。

配合业务调研

通常合作伙伴会有一个深入业务调研的过程，这个过程是蓝图设计的基础。这一调研阶段通常会涉及采用问卷、访谈等形式对各部门工作职责、工作内容、未来期望进行明确。

这个阶段企业需要注意三个关键点：

第一，参与调研的人员要资深。资深人员能够更好地描述业务，指出业务痛点，同时也会带来更多的想法。而对业务熟悉程度不高的人员可能在深入问题上一问三不知，导致调研不得其法，轻则耽误调研时间，重则导致整体蓝图规划偏差，不能达到预期效果。

第二，明确双方对业务名词的统一理解。在和合作伙伴沟通时，需要关注一些专有名词的统一。例如双方对于“店员”的概念上可能会产生偏差，有些理解为门店中的所有人员，有些理解为非店长、非收银员的单纯导购人员。对于这些名词理解的偏差会导致需求实现的偏差，因此企业内部必须统一，在和合作伙伴沟通时，也务必明确这些名词的范围。

第三，最好有人力资源部门参与统筹调研规划。虽然调研主体是合作伙伴的顾问成员，被调研者是各个业务部门，但是在统筹调研时间规划、约谈合适对象等方面，人力资源部门显然有着先天优势，能够更好地协调业务部门，也能对业务部门起到激励作用，让各部门认识到调研的重要性。

参与蓝图制定

针对调研中发现的需求和问题点及对未来业务的期望，来设计新的业务流程，这就是蓝图制定需要做的事情。蓝图需要在满足未来规划业务的基础上，有针对性地编写具体的解决方案，优化业务流程并解决现有的问题。

蓝图设计需要明确优化后的业务流程，明确优化流程为企业带来的价值点，以及新业务方式对企业带来的变化和挑战。

因为蓝图是未来实施执行的重要依据，所以蓝图方案一定要经过各个业务部门及关键人员的确认，保证蓝图符合其对未来业务的期许并具备可行性。当然，业务蓝图一定要经高管认可，助力推进。

5.4.2.3　系统实现

功能模块确认

系统实现就是用信息化的方式将蓝图内容固化。这个阶段要充分确认功能模块的内容，尤其是对企业个性化业务的功能实现确认。

系统测试

系统测试分为单元测试、系统集成测试、用户测试。单元测试旨在确保具体功能正常；系统集成测试旨在确保某一个或者几个单元的功能可以一起使用；用户测试旨在由业务操作用户根据实际业务场景验证功能流程。系统测试涵盖 UAT 等各种业务的测试。系统测试的目的是保证正式上线顺畅。这一阶段企业要充分进行多样化的测试，尽可能让问题暴露出来，这样才能通过不断调试稳定系统。

功能手册编写

功能手册是面向中台系统使用者而编写，以帮助系统操作人员更好地使用系统，要能够浅显易懂且逻辑清晰。功能手册编写得好坏直接影响到未来中台业务实际开展。功能手册编写中有两点需要注意：

第一，关键人员要积极参与编写。关键人员前期参与度高，这时候要积极参与输出，保证输出内容的质量。

第二，合作伙伴参与审批。合作伙伴是需要参与审批功能手册的最终版本的，因为合作伙伴的经验比较丰富，能够基于多次实践的经验给甲方更好的指导，保证功能手册的实用性。

上线安排

在上线阶段，要有充分的上线准备，包括静态、动态数据的准备，用户权限的确认，正式环境的部署、上线动员等。

由于中台项目复杂，在上线时可能会遇到一些问题，常见的主要有以下几种：

操作不畅。这种问题通常是前期培训不到位造成的。系统切换后一线人员不会操作，导致系统无法使用。

数据错误。准确的数据资料才能确保业务流程健康运行，为决策者提供依据，但往往在数据处理上会出现不符要求的情况，导致数据错误。

系统 bug。如果系统本身前期测试不足，系统问题没能充分暴露，那么正式运作时，问题就会集中暴露。

对于系统上线的问题，一方面有些问题是能够前期规避的，在前序环节中要更加细致地操作。另一方面企业要管理自己的预期，上线遇到问题迅速安排人员处理，避免影响扩大化。

5.4.2.4　运维优化

系统上线后，品牌业务至此在中台系统中运行，通过信息化提升企业的效率。那么在运行过程中，势必随着企业的发展，会产生不断地变化，对系统的要求也不同。

对于变化的业务或是在更复杂的业务环境中，系统可能会在持续的工作中显露一些问题或是需要做一些逻辑调整优化，这些我们可以直接和合作伙伴沟通，由合作伙伴进行处理。

但是，对于企业中台而言，并非所有的问题都是系统的问题，也并非所有的问题都能通过系统来解决。因为中台不仅是信息化系统，也是业务理念，我们首先要考虑业务优化，如果业务流程本身存在问题，不应当通过改变系统来暂时性地满足企业发展，而是应当树立起正确的业务流程，保证严格的输入评审与理性的分析调整，只有这样，才能真正围绕中台打造符合智慧概念的企业。

5.5 实施特殊性

由于企业中台复杂度高，实施难度大，因此企业中台项目实施相比于其他信息化系统存在一定特殊性，品牌企业人员尤其需要关注以下几个方面。

5.5.1 一把手工程

企业中台需要各方协同运作，这个过程中一定是需要企业高管参与的，没有一把手的支持，业务部门难以提高重视，这会给项目推进带来很大难度。

企业中台涉及的不仅是信息化问题，更多的是利用信息化系统对品牌业务的重构，业务重构对品牌来说十分重要，一定需要企业高管的介入与决策，这样才能在关键问题上快速决断。

5.5.2 关键人员的重要作用

我们在业务执行部分多次提到关键人员，他们是项目成功的重要因素。关键人员承担着上传下达的作用，一方面他们能够理解企业中台的重要作用，另一方面能够将中台理念与实际操作赋能给一线人员，保证工作顺利进行。

在实施过程中，有相当多的内容是需要关键人员参与的，他们必须非常熟悉公司业务才能更好地完成输出。

5.5.3 贯穿过程的知识赋能

在企业中台实施的过程，其实是一个持续赋能的过程，将中台能力不断赋能给企业各人，从而重塑企业能力。一方面是来自合作伙伴常年的经验赋能，需要合作伙伴有丰富的经验与理论，制定有条理的赋能规划。另一方面，内部也要建立起赋能机制，不断地在实践中培训优化，面向不同使用人员要根据实际工作状况调整培训方案。

5.5.4 整体规划，分步实施

在整个企业中台项目实施的过程中，要遵循一个大的原则就是“整体规划，分步实施”。从战略蓝图上说，品牌企业必须先梳理好业务流程，明确发展方向，这样企业上下才能铆足一股劲朝着同一目标前进，但是，这不代表实施过程也是一步到位的。事实上，企业中台涉及面广，不可能一次性满足企业所有需求，所以在分步实施的时候，我们要关注先寄出业务先行，先子业务系统上线，再实现相关场景。

第6部分

企业中台最佳实践客户案例

6.1 红豆——深化智慧红豆面向未来的全渠道运营体系建设

江苏红豆实业股份有限公司（以下简称红豆股份）是红豆集团（江苏省重点企业集团，国务院120家深化改革试点企业之一）的核心子公司，主营红豆鞋服业务。其前身是江苏省无锡县（先无锡市锡山区）红豆实业有限公司，成立于1995年6月16日。红豆股份于2001年1月8日在上海证交所挂牌上市。

红豆集团以“创民族品牌”为己任，以“共同富裕，产品报国”为使命。从企业初创的1957年，到走出困境的1983年，再到目前产业相对多元化，并大力推进品牌建设，实行转型升级，企业产品从最初的针织内衣，发展到纺织服装、橡胶轮胎、生物制药、地产四大领域，居中国民营企业500强第64位。红豆集团有12家子公司，包括两家主板上市公司和一家新三板挂牌创新层企业。在柬埔寨王国建立了11.13平方千米的西哈努克港经济特区，拥有美国纽约、洛杉矶、新加坡等境外分公司。“红豆”“千里马”“HOdO”商标先后被国家工商总局认定为中国驰名商标。红豆品牌旗下拥有“红豆男装”“红豆居家”“红豆家纺”“小红豆童装”“红豆万花城”等系列连锁品牌。

红豆股份的主营业务为服装、房地产、毛线纱线印刷的生产与销售，其中服装业务又分为红豆男装、团购业务、网络销售、成衣生产四大模块。产品包括商务西服、衬衫、T恤、夹克、西裤、羊毛衫等。其中，红豆西服、衬衫、T 恤等五大主导产品先后通过 ISO 9002 质量体系认证。

6.1.1 红豆全渠道中台项目背景介绍

近年来，国内经济发展增速放缓，在互联网电商的不断冲击之下，新的商业格局逐渐形成，消费者购物习惯发生了翻天覆地的变化，鞋服行业不断受困于“高库存、高缺货”之中，国内服装行业和品牌企业的发展面临着新的拐点。

为促进红豆集团的不断发展壮大，集团高层运营管理部门对信息化的建设提出了更高的要求，希望通过信息化升级带动红豆业务的再次腾飞。并在 2015 年提出了建设“智慧红豆”的集团战略目标，包括智慧设计、智慧产品、智慧供应链体系、智慧全渠道 SPA 体系以及智慧管理五大体系。

为加快红豆信息化建设，加速“智慧红豆”项目的推进，红豆股份与国际著名信息化咨询企业埃森哲在 2017 年上半年启动了“信息化战略咨询规划项目”，对业务进行了全面扫描，对现有系统进行了综合评估和分析，明确了红豆股份未来三年的 IT 战略和规划等工作，制定了未来企业应用系统的建设方向，确定全面打造红豆股份全渠道运营体系建设，全面推进“智慧红豆”的部署与落地。

在打造智慧红豆的建设、深化全渠道运营实践、实现集团数字化转型的过程中，面临以下问题：

①如何加快库存流通，实现库存最大化，解决库存积压的难题？

②如何通过全渠道，实现效率的提升和服务的改善？

③如何整合全渠道会员，实现会员的全域运营？

④如何实现线上线下统一定价、统一促销？

⑤如何提升各组织和员工的全渠道执行效率与服务质量？

⑥如何消除多业务系统之间的信息孤岛，实现数据整合，加快企业

数字化转型?

基于百胜软件在零售行业近二十年的耕耘，红豆集团选择与百胜软件合作打造“智慧红豆”的信息化战略。百胜 E3 + 企业中台，实现红豆集团的全渠道运营管理体系建设，连接线上线下，实现全域数据整合，通过中台赋能，实现红豆集团数字化转型，进行数字化运营。

6.1.2 红豆全渠道中台系统能力建设

6.1.2.1 红豆信息化现状

目前红豆的企业业务流程都是基于单一渠道构建的闭环，少量的渠道与渠道之间的业务流转也基本都是靠人工来完成的，效率和效益都不高。

另外，多套系统并行，对接完全依靠接口，杂乱无章，迭代更新慢，数据传输不及时，无法做到实时在线的数据分析；数据分散在多个系统中，造成了多个数据孤岛，数据无法整合、无法通过数据赋能企业的数字化运营。

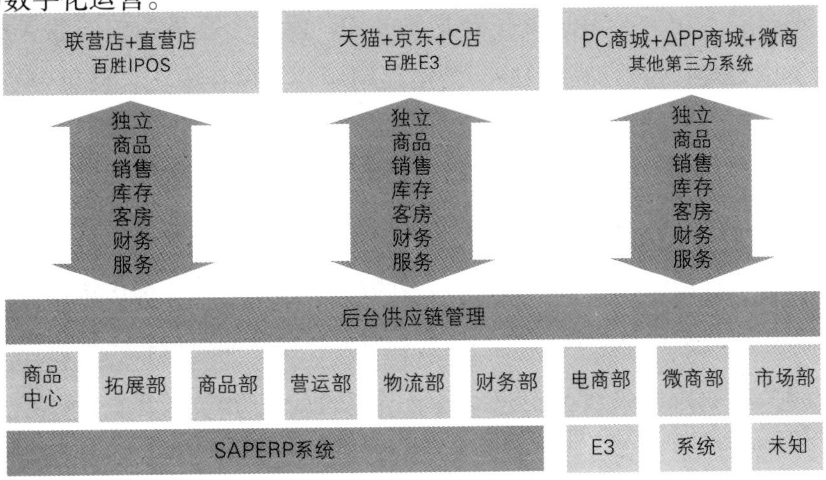

红豆信息化现状

但是站在全渠道的维度上，我们要整合商品、库存、订单、结算，实现渠道之间的业务整合、数据互通，需要企业重新审视企业资源，以整合供应、合理分配、盘活库存、财务共赢、提能提效的原则来重新管理资源。

站在数据化运营的角度上，我们需要实现企业的数据整合，统一中心，统一运营，实现实时在线的数据化赋能，通过数据的力量赋能企业数字化转型。

6.1.2.2 红豆全渠道中台项目建设目标

红豆全渠道中台项目希望依靠百胜软件的全渠道中台系统，通过构建全渠道商品中心、订单中心、库存中心、促销中心、结算中心、会员中心，打造红豆全渠道中台，最终实现商品、订单、库存、营销、消费者、财务的资源整合。

另外，红豆集团希望通过企业中台，在集团层面，实现对零售业务的高度集成。在前端连接商城、社交软件、电商平台等系统，后端对接供应链支持层，包括采购管理、生产制造、财务管理、仓储物流管理等。

通过“大中台、小前端”的业务模式，使整个零售的核心业务在中台集中处理：包括商品中心、价格促销中心、库存中心、订单中心、财务中心以及仓储物流中心等。

通过云计算、大数据、互联网高可用架构技术，重构企业现有全渠道业务系统体系，在提供全渠道一体化的库存、订单、会员、物流等核心业务运营管理能力的基础上，为业务转型和拓展新业务提供快速落地的能力，加速企业数字化转型。另外，通过智慧企业中台，实现对内对外的高效无缝对接，系统服务能力不断提升，滋养企业业务发展，线上线下数据融合创新为企业的稳定、健康发展提供保障。

6.1.2.3 红豆全渠道中台业务架构蓝图

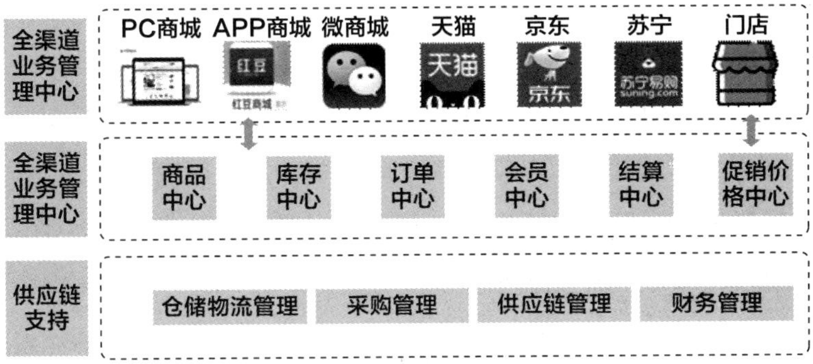

红豆全渠道中台业务架构蓝图

全渠道中台的业务蓝图分为三个部分，后端供应链支撑层：包含仓储物流系统的建设、供应链管理、采购管理、财务管理等；E3 + 全渠道中台支撑起中台的全渠道业务管理中心和前端的全渠道营销触点层；全渠道业务管理中心包括：商品、库存、订单、会员、结算、促销价格中心，以支撑全渠道运营体系的建立；基于全渠道中台，构建全渠道营销触点层，包括：终端智慧门店、APP 商城、官方商城、第三方商城，以及会员中心、会员门户等，除了支持现有的业务模式以外，基于全渠道中台以微服务架构构建的一个个业务中心，对于未来新的业务形态，也可基于中台快速接入，敏捷开发。

6.1.3 红豆全渠道中台能力输出

构建全渠道商品中心：实现商品全渠道统一，提升商品管理的规范

全渠道中台商品中心支持商品 ID 及标准属性继承，根据行业特性，全面支持属性模板管理，扩展动态属性；支持多维度、多类目的商品数据分析，实现全面多维的商品 360°视图管理。

通过商品的多维度、多属性管理支持商品的静态便签、动态便签的管理；辅助总部运营部门分析商品的销售情况，实时了解商品在市场上的反应，实时把控市场需求，辅助商品试销、助力红豆集团打造商品的

热款和爆款。

构建全渠道库存中心：实现全国商品实时共享与合理发布，提升商品库存的最大化利用

利用全渠道库存中心全域库存共享，实现线上线下共享同一盘货，最大化库存销售，提高库存利用率、周转率；通过库存管理，优化库存结构，精细化货品运营；通过库存共享，实现缺货销售、满足消费者全渠道的购物需求，提升消费体验。

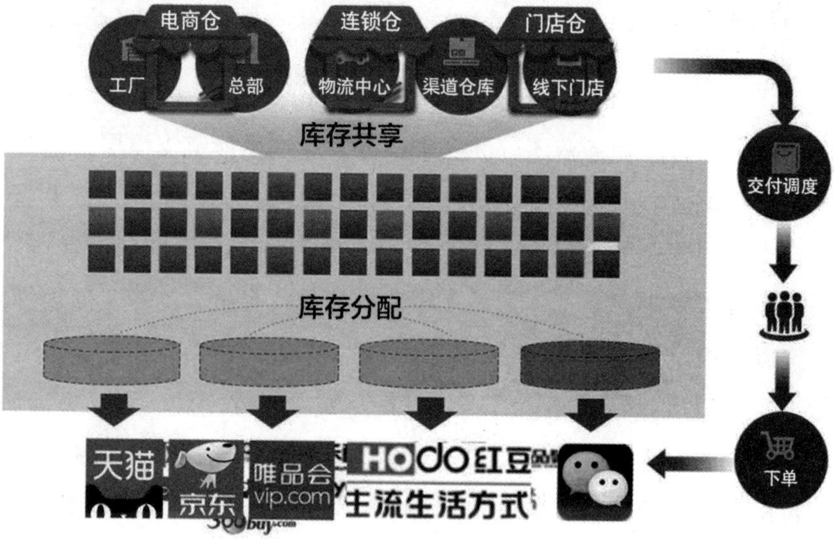

全渠道库存共享

红豆集团计划通过库存中心的库存共享逻辑打通全域库存。在库存中心，共享电商仓、线下连锁公司的区域仓，以及各连锁公司下各零售终端门店的库存给到库存中心的库存共享池中，然后统一按照一定的同步数量，或者同步比例给到前台销售平台，进行库存最大化的销售。

构建全渠道订单中心：实现全渠道订单适配与派发，提升订单流程效率与吻合度

实现全局订单管理，根据规则策略，自动适配，智能路由订单，提

高订单作业效率，订单全局共享，数据流转，节省企业运营成本，订单高效触达客户。

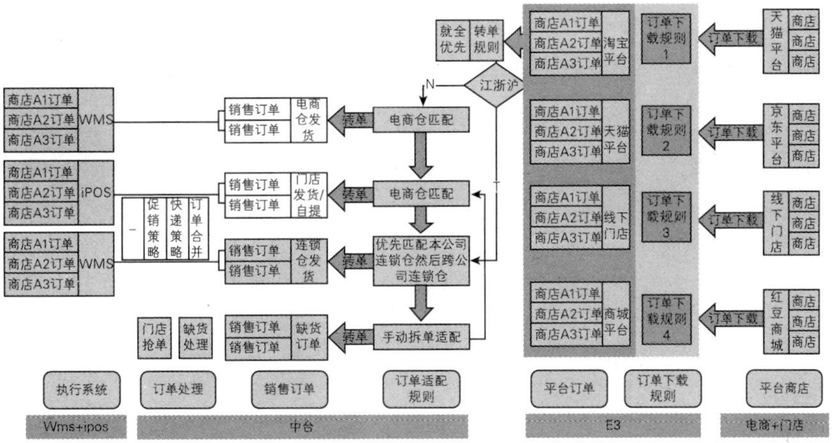

全渠道订单路由

另外，红豆基于中台开发了抢单机制，针对同一个城市，或者同一个区域的门店，如果有通过缺货销售，或者是线上生成的订单，可由所在区域的所有门店进行抢单，以调动终端门店参与全渠道的积极性。

对于终端门店，设定考核机制，以保证全渠道订单的顺利执行。

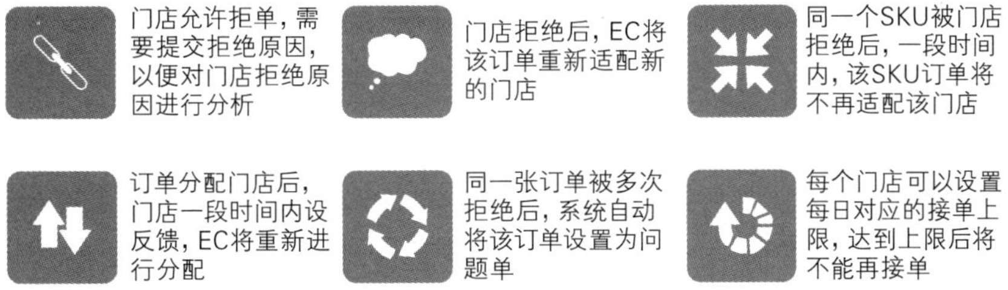

全渠道策略下的门店适配和考核

构建全渠道促销中心：实现各销售渠道促销活动统一策划，统一触达，提升品牌形象。

促销价格中心，统一管理线上线下促销价格中心；促销方案，高效智能策划，便捷执行；价格管理遵循价格策略、价格体系，分步执行，细化价格管控维度。

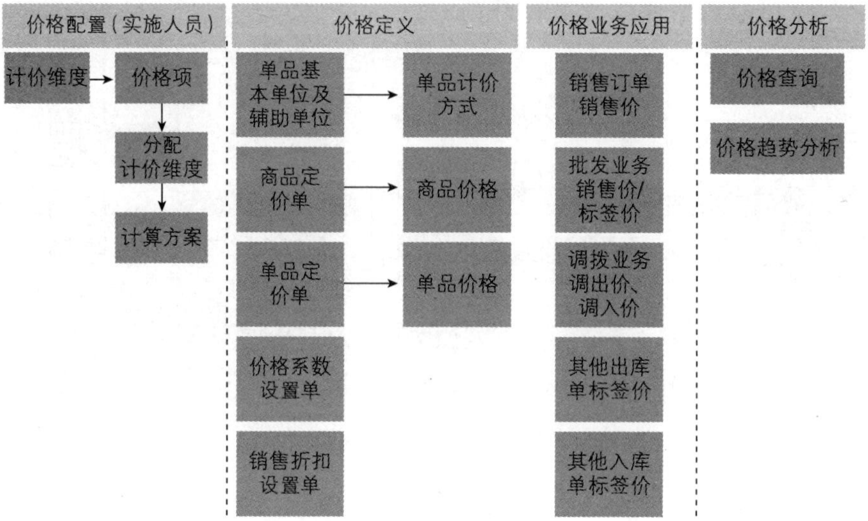

价格中心

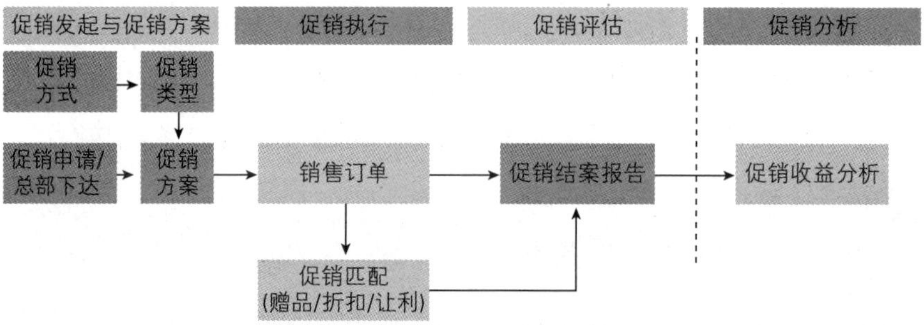

促销中心

构建全渠道结算中心：实现全渠道订单业绩高效合理结算，提升全渠道服务质量。

财务结算中心，企业根据全渠道业务场景，划分财务结算方，制定全渠道结算模型、结算策略、定义结算规则；支持业绩共享、利润共享、视同买卖等多种结算模式。

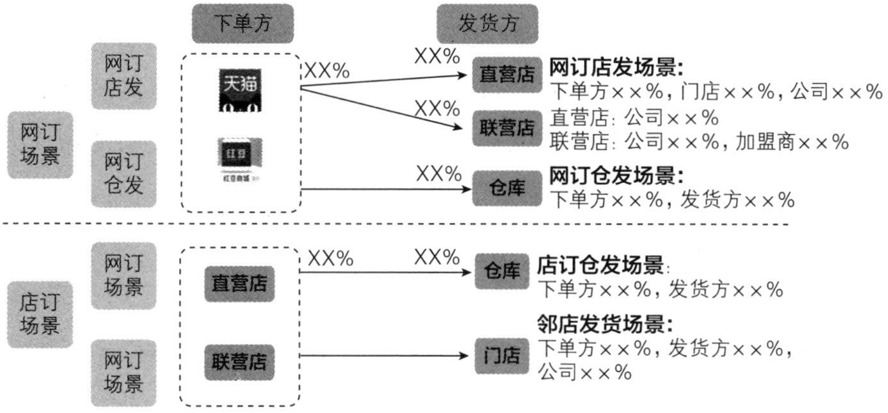

全渠道结算中心

红豆全集团体系全部参与全渠道运营，包含电商运营部门、红豆商城、线下连锁公司、线下代理加盟商，按照利润进行财务结算，保障各部门的利益。

构建全渠道会员中心：实现全渠道订单业绩高效合理结算，提升全渠道服务质量

全渠道会员中心整合线上线下全域会员，通过会员清洗、标签化分析、个性化分组，实现会员标签化、数据化管理，实现会员的精准化运营和全域营销，提升品牌价值。

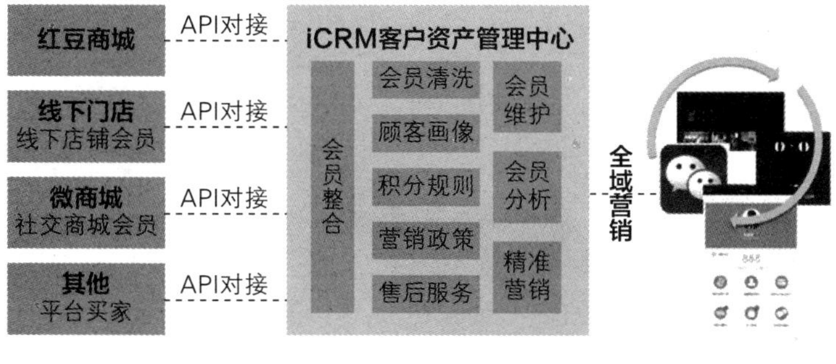

全渠道会员整合

红豆在打造全渠道会员中心之前，会员割裂、无法跨渠道识别，无法权益共享，无法统一画像，会员无法统一运营和精准化营销。通过全渠道中台，整合线上第三方平台、红豆商城、线下门店等其他渠道会员，做到会员的全域管理，通过会员的标签化管理和分析，实现会员的精准营销。

6.1.4 红豆全渠道业务场景

网订店发：第三方电商平台订单、官方商城订单、移动 APP 订单，实现线上订单门店发货。

网订店退：网上订单，根据“哪儿发货，哪儿退货”的原则，执行门店退货。

邻店发货：线下门店缺货时，可根据全渠道的订单路由规则，由其他门店配发货，免去调货的流程，实现门店的缺货销售。

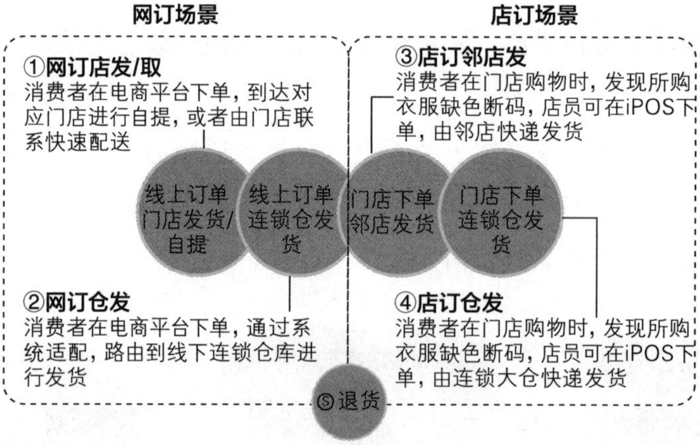

全渠道业务场景实现

网订店取：网上订单，可在门店提货，实现线上线下互动，最大程度地方便消费者。

店订网发：在门店，可通过扫描二维码，或者登录官方商城下单，由电商仓执行配发货的业务，实现订单的上行。

6.1.5 红豆全渠道中台项目信息化建设价值

红豆集团通过百胜 E3 + 全渠道中台的打造，整合全渠道业务，实现了线上线下商品互通，全域销售库存共享，通过设置虚拟库存池，实现“线上线下一盘货”的库存管理，最大化库存利用，解决了一直困扰整个零售行业的“高库存、高缺货”的难题。

红豆集团通过百胜 E3 + 全渠道中台构建了技术中台、数据中台和业务中台。

在技术层面上，基于中台的微服务架构，可满足未来新业务形态的快速接入，敏捷扩展开发，打造了面向未来的中台系统，可支撑起红豆未来 5 ~ 10 年信息化建设的需求。

在数据层面上，通过 E3 + 全渠道中台系统实现全渠道业务数据的整合，通过商品中心、订单中心、会员中心等，指导企业销售，协助运营。助力红豆根据市场形势，打造爆款，推出新款，合理进行价格管控；根据市场需求，实现敏捷快反的供应链体系建设。根据会员需求，实现会员的精准化营销，提升品牌价值。数据中台，帮助红豆真正实现数字化转型，打造数据化运营体系建设。

在业务层面上，帮助红豆建立全渠道运营体系。首先，对于门店的滞销款，可共享库存在线上销售，然后中台路由订单到库存所在门店进行配发货，不仅帮助企业处理了高库存的难题，提高了动销率，而且还帮助红豆节省了处理滞销款库存的运营成本。

其次，通过全渠道的订单路由，可以帮助企业实现缺货销售，减少因为缺货导致的商机流失。

再次，通过库存共享，订单路由，减少非必要的库存调拨，节省企业运营成本。

最后，对于终端门店来说，由于空间有限，成本控制，所有的新品不可能及时铺货到所有的门店，成本和空间限制了商品货架的陈列展示，通过门店终端导购屏可以实现云货架的功能，终端门店可以达到和线上一样逛商城的感觉。满足了消费者随时随地、以任何形式的消费，提升了消费者的购物体验。

6.2 潮宏基——锐意创新打造智能中台引擎

潮宏基，21 年钻石珠宝品牌。自品牌创建以来，潮宏基珠宝以卓越品质、创意革新、精湛工艺以及通过不断强化品牌的差异化营销确立其“彩金珠宝领潮者”的行业地位。潮宏基珠宝始终坚持“时尚近季，奢侈近人”的理念，引领珠宝行业的摩登时代。

潮宏基——珠宝行业新零售最佳实践

除珠宝行业，潮宏基集团多年前就提出多品牌、多品类运营的时尚产业集团战略，致力于为中产阶层女性消费者打造时尚生活生态圈，积极拓展珠宝、皮具、化妆品、钟表、眼镜、美容健康休闲娱乐等产业，形成“客群共享、渠道共通、产品互补、线上线下融合”的时尚生活生态圈。

6.2.1 潮宏基信息化发展过程中的痛点

6.2.1.1 “烟囱式”信息化建设问题多多

潮宏基在整个珠宝行业的信息化投入方面一直是比较创新的，在2006年的时候，在整个珠宝行业率先使用SAP系统，支撑起潮宏基的门店管理、零售分销、供应链、财务核算，建立起完善的信息化管理系统。

潮宏基与百胜软件的合作始于2015年，潮宏基集团最开始主要经营珠宝，至2015年左右已经形成了多元化的发展战略，开始经营女包，以及一些其他行业的公司业态。2015年，百胜软件推出了全渠道的解决方案，潮宏基也在探索O2O，怎么把传统的线下门店和各种线上渠道整合在一起，把线下的业务做到无限延伸。

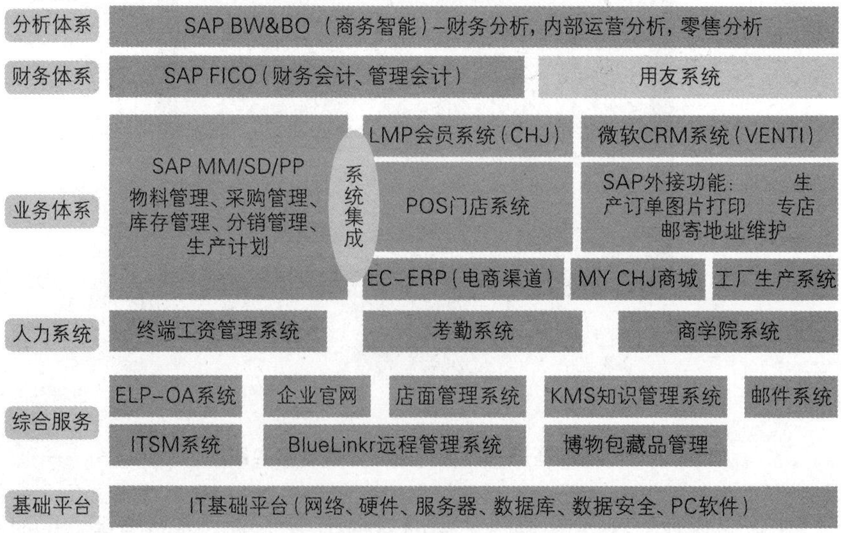

潮宏基前期信息化现状

甚至，潮宏基专门成立了一个新零售运营小组，探究珠宝行业怎么把线上和线下做深度的融合，虽然实现了 O2O，但是这些还不够。在消费升级的时代，所有的品牌都在考虑怎样实现全域、全渠道的精准营销，如何以产品为导向，使整个线下渠道的运营模式能够转型成为以消费者体验为核心的运营模式。

另外，潮宏基经过长期的信息化建设，已经形成了传统的“烟囱式”的信息化架构。从长期的发展来看，“烟囱式”结构所形成的资源孤岛和信息孤岛，导致 IT 资源的服务率非常低，难以适应业务运营快速迭代的需求，系统运营成本和管理成本居高不下。而零售行业的快速迭代对新零售时代下潮宏基的系统架构提出了更高的要求，IT 系统架构的变化势在必行。

信息化存在的问题：

①企业管理系统陈旧，供应链管理系统和门店零售系统于 2006 年上线后一直未做升级、优化；

②系统重复建设，每个业务部门都有自己的管理系统，仅用于进行业务管理的系统都有 8 套；

③系统间数据集成性差，跨部门的工作在系统操作完成后还需要通过电话、邮件的方式进行沟通；

④系统平台技术架构陈旧，老的平台架构早已无法支持现时业务的快速发展，所有的业务操作回归于 EXCEL。

6.2.1.2　珠宝行业特性驱动信息化转型

珠宝行业有自己鲜明的行业特性，而这些特性也决定了信息化管理的复杂性，对信息化转型提出了要求。

第一是单品的管理。潮宏基 99% 以上的货品都实现了单品管理，从出生开始就赋予商品唯一的身份号码，产品的任何一个节点都要全面进行跟踪，这是与传统服装行业一个很大的不同。同样的两件商品，哪怕价格一样，其他的物理属性也一样，我们也要把它当作两件东西来管理。

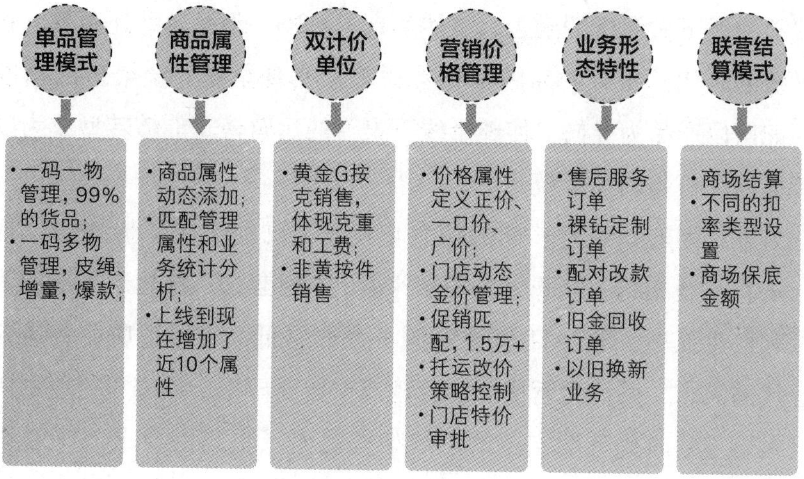

珠宝行业信息化特性

第二是款式，需要进行很强的生命周期管理。服装行业有些款式可能过季了就不会再有，珠宝行业不太一样，产品生命周期不会那么短，从开始设计到投入市场到变成畅销款，最后慢慢退出舞台，会有比较固化的生命周期，这就需要一个智能识别系统来识别所有产品款式适销的情况、适合的人群、地理的属性，以及对每个款式生命周期严格的管理体系。

双计量这个特点也给管理上带来很多障碍。珠宝行业很多商品可以单件销售，也可以按照克重销售，管理的时候所有按照单件管理的货品我们都需要管理到相应的含金量、石头重量等很多复杂的属性。

同时，珠宝销售面对的是动态金价，这给整个价格管理体系带来了不小的挑战，要去适应每一个渠道甚至每一个门店不同的计价体系。

定价的复杂性同样值得关注。每件商品的定价与款式、克重相关，而珠宝的促销模式也非常多样，复杂定价延伸到中台就是为了解决整个珠宝行业当中超级复杂的定价和促销的政策。

多级代销的问题线上线下都会涉及，因为珠宝是重资产，不可能把每件产品都买下，特别是比较高质的钻石通常都是以代销的形式进入流通领域，进入自营门店，然后再做整个代销结算的管理，这会给结算管理带来很大的挑战。

联营结算是大多数商场门店都会碰到的问题，传统做结算都是采用手工，因为涉及活动的扣点，保底的方式等等。这要求我们在系统设计当中考虑如何满足这种复杂的、琐碎的数据，然后集成起来让店员和商场去做结算对账的时候一目了然，可以一键式操作。

定制改款和以旧换新也是珠宝行业涉及较多的，所有购买的商品都可以随时拿回门店再利用。而前端接单如何评价和确认，如何收取改款的费用，如何交付工厂，其实这是一个非常复杂的链路，每个节点都需要被充分考虑到。以旧换新的业务看似简单，实践中也造成了很多困难，实践中我们发现三年以上卖出的货品顾客拿来做退换的占比不小。而在时尚珠宝领域，很容易出现几年前的款式可能顾客觉得不够时尚了就退回来再换新的，这个时候我们如何用一个比较好的方式对价值进行评估，以什么方式退换和销售给顾客更符合要求的东西，这是蛮有挑战的。

6.2.1.3 对多品牌多品类的拓展提出更高的系统要求

随着业务的发展，潮宏基不止在珠宝领域，皮具、化妆品等时尚领域均逐步涉足，打造时尚生态品牌。这时候就面临着多组织、多品牌、多品类的问题，而传统信息化系统在这方面考虑不足，没有办法协同集团业务，迫切要求信息化系统变革，让集团业务更具备全局观念。

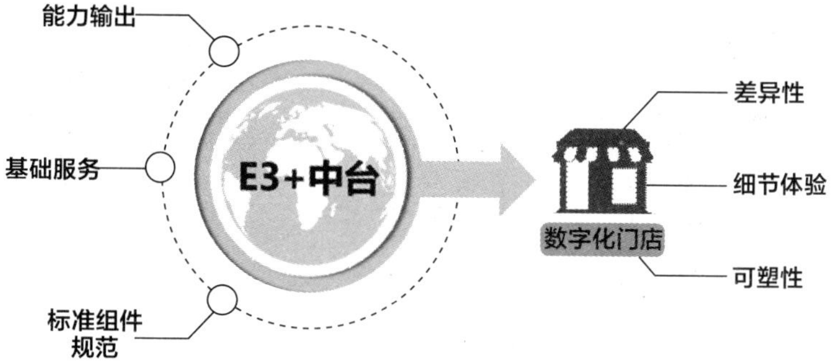

E3 + 中台能力透出

6.2.2 潮宏基对未来信息化的思考

作为珠宝行业信息化探索的领航者，潮宏基一直把企业信息化作为企业战略核心竞争力对待，在信息化建设上强调创新并勇于拓新。

面对传统问题、行业特殊性以及未来发展，潮宏基一直在思考，业务要变革，系统要承接，怎样把传统的业务淘汰掉？怎样驱动业务的转型升级？

最终潮宏基认为需要建立以订单为核心的业务驱动机制，要通过以订单为核心，将所有的业务回归到整个订单池里。

同时，促进全局库存共享机制，珠宝行业每件商品都是一件，那么在不同平台上就需要实时的、全局的库存共享机制，任何平台只要能够看到这些货品就可以销售，销售后别的平台能够实时同步库存情况。

同时要具备高效的库存配置和供应链的响应能力，解决的是关于商场结算周期带来的库存一致性问题。现在大部分的业务还是在线下门店，商场的结算往往都是滞后的，但很多时候结算之前业务就要展开了，比如退货等，账务处理上比较麻烦。

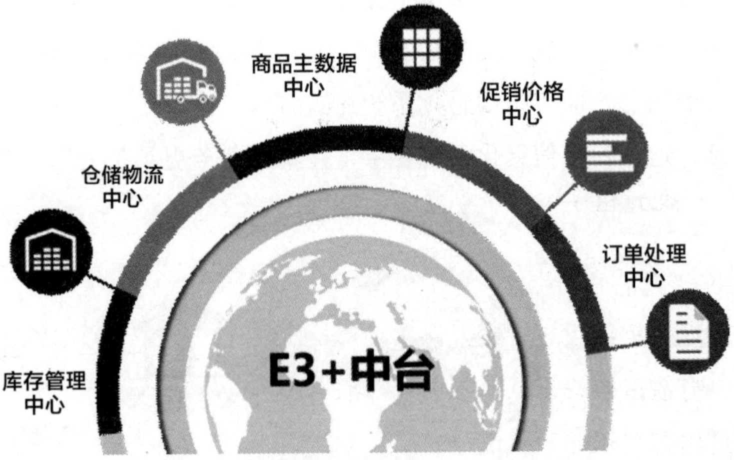

E3 + 中台业务中心

潮宏基 CIO 潘平称，在新零售时代，传统零售业面临的困境是：

- 单一渠道消费市场转变为全渠道的买方市场；
- 线下渠道客流急剧减少，与线上体验差距缩小；
- 供需距离缩短，商品成本更加透明，价格体系受到冲击，整体毛利下降；
- 互联网营销渠道和模式创新驱动能力强，冲击靠单一模式运营的线下模式。

所以潮宏基需要在新零售的大背景下，借助企业中台直面信息化建设在传统零售业转型中面临的挑战：

- 增强购买及服务体验；
- 实现全渠道便捷购物；
- 建立社交网络分享能力；
- 融入广泛的互动娱乐；
- 大数据驱动精准营销转型。

6.2.3 潮宏基智能中台打造

业务不仅需要连接，还需要引擎。引擎的意思是什么？就是要能够驱动起来，要有支撑业务的动力，不是简单作为业务的载体，记录订单、库存、商品等信息。潮宏基认为这个强大的信息化引擎只有智能中台才能承载。潮宏基对中台的理解其实是前中后分离的多层架构，这个架构当中每个节点负责的是不同的事务。

前端负责做交互，考虑的是如何跟用户交互。这里的用户既包括直接用户也包括间接用户，直接用户是消费者，间接用户是珠宝顾问和店员，需要轻量级的、移动化的、跨平台的内容，实现最简单的业务交互，打造多样的触点。在这些前端触点里，没有任何业务逻辑，所有业务逻辑都要依靠中台提供。

后台做的是数据的归集、前端的分析、基础架构管理、供应链等。

中台所有业务都被确认以后，我们如何实现高效的后端，如何进行生产，如何进行采购，如何进行基于产品的交付，如何集成财务核算，这些事情都交由后台完成。

当前端和后台都简单了，复杂的业务都去中台了。所有的管理都有明确的主体和归属。建档以后要发布在哪个渠道——天猫、自营商城、门店、代理商等都是渠道——归集在一起由中台统一处理，最后起到的就是引擎作用，即订单如何支付、如何交付、如何去做库存的满足和匹配。

中台是以此为中心建立了各个业务体系，整个业务实践当中强调的是业务的协同触碰、跨渠道的融合，建立的是对资源的重新整合和价值链的重新分配，通过 IT 技术架构实现其他方式没有办法协同和满足的业务，共同整合进来。

通过中台的“资源整合分配”能力支撑“多触点”与“跨渠道融合”，最终实现：

- 强力掌控终端，现货为王；
- 全局库存共享，高效流动；
- 全渠道订单归集，统一运营；
- 统一会员体系，精准营销；
- 智慧供应链，快速响应。

6.2.3.1 潮宏基 & 百胜软件共创智能中台

基于自身对企业中台的思考，潮宏基决定选择合适供应商共创智能中台。事实上，企业中台也对系统服务商提出了更高的要求。服务商既要有很先进的技术架构来应对新零售经济形态下快速迭代的特点，同时对珠宝行业也要有很强的专业性及服务经验。

在潮宏基系统选型过程中与百胜软件结缘，并进行深入了解，百胜软件丰富的珠宝行业服务经验及先进的中台技术架构正是潮宏基系统战略转型升级所希望寻找的最佳合作伙伴。双方从各自的战略出发，在沟通中达成共识，共创中台共享服务平台，推动业务模式快速变革。对潮宏基而言，这是企业信息化战略转型重要的一步，打通各个独立系统之间的壁垒，实现数据、服务实时共享，能够大幅提升企业运行效率，促进企业业务高速发展。同时，共同来推进珠宝行业标准的信息化应用，对于双方来讲都有重要的战略意义。

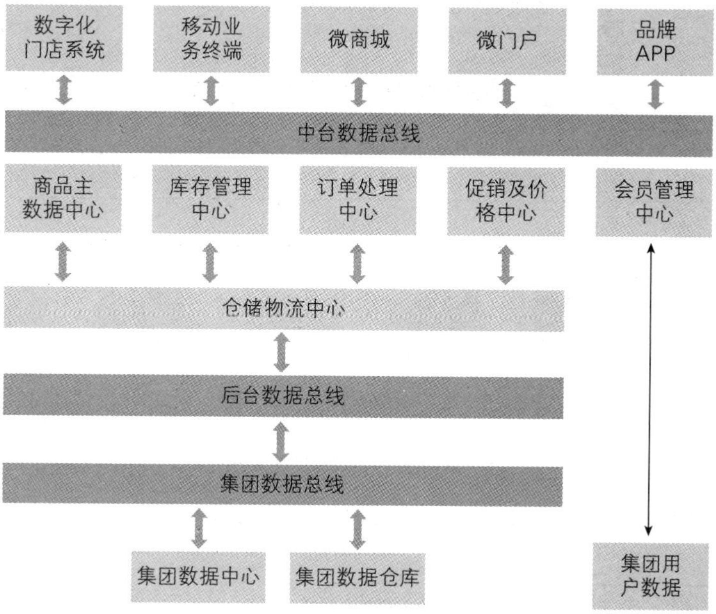

潮宏基中台系统架构

针对潮宏基的需求，企业中台蓝图涵盖了潮宏基业务中台及数字化门店前端。建立了商品主数据中心、订单处理中心、库存管理中心、仓储物流中心、促销及价格中心、会员管理中心六大中心。

商品主数据中心

商品主数据规范建立，形成统一的潮宏基商品视图，帮助潮宏基完成基于作价、入库、核算的商品统一管理。根据珠宝行业的特殊性，单品管理模式 99% 的货品实行一码一物管理，以及一码多物管理，橡皮绳、增量、爆款等。

珠宝行业产品的属性会不断增加，商品主数据中心可根据业务需要随时增加商品属性，无须修改系统，方便易用，匹配管理属性和业务统计分析，物料的动态属性可以自动更新，降低运营维护成本。

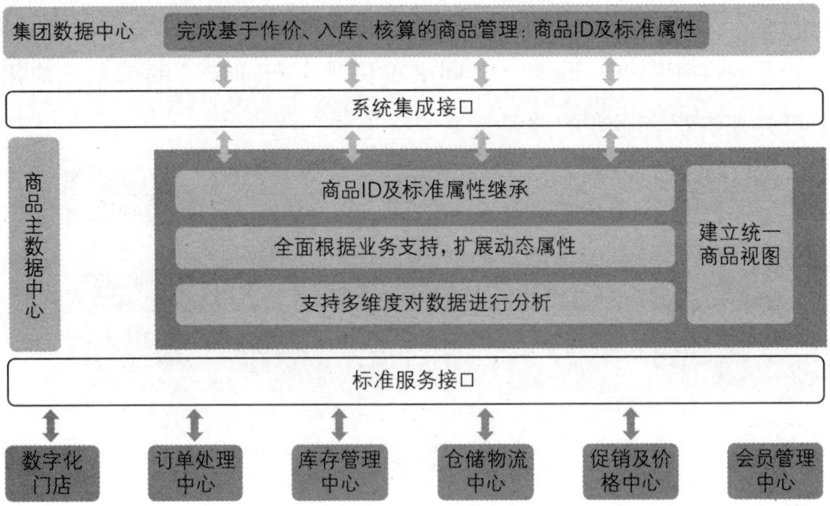

商品中心

商品的动态标签，实现商品的数据监测，统计商品的销售记录，实现商品的数字化运营、数据化分析，实现智慧化商品企划，智慧化供应链。

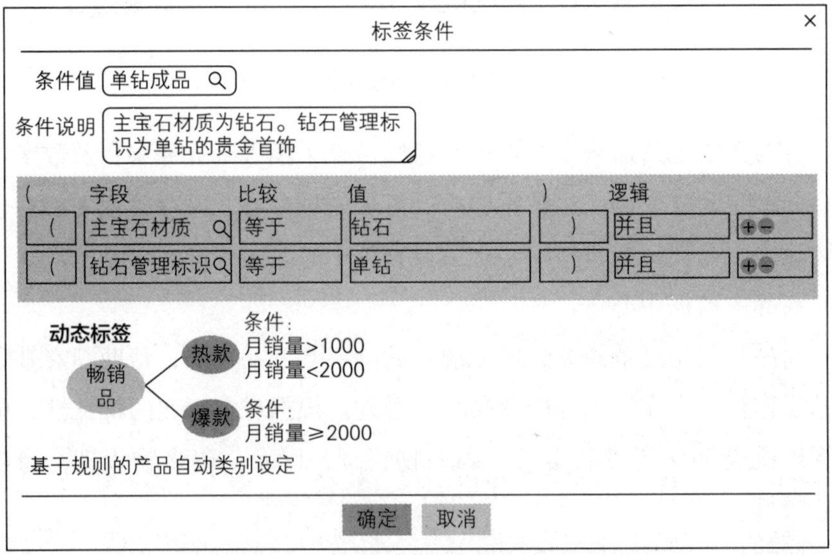

商品动态标签

订单处理中心

批发和零售的订单统一归集在订单处理中心，形成订单池；通过订单处理中心设定的业务规则，多渠道的订单形成智能的处理策略和规则，通过标准的服务接口输出，供不同业务端直接调用。

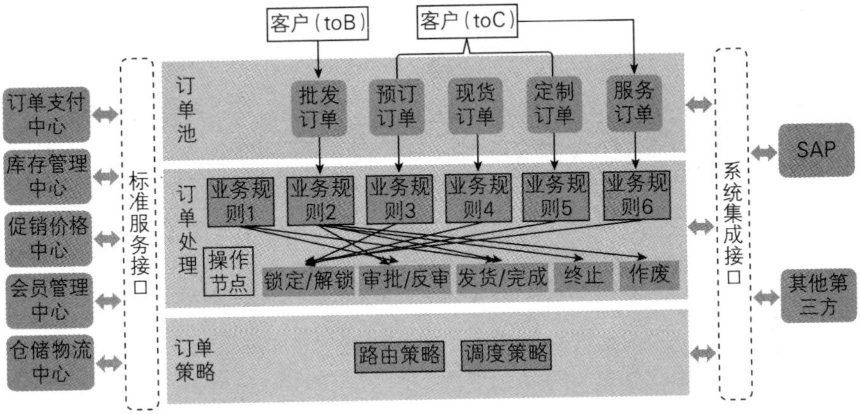

订单中心

珠宝行业业务多的是售后服务订单、裸钻定制订单、配对改款订单、旧金回收订单、以旧换新等业务，这些特定形态规则的制定，以及联营结算模式，与商场结算根据不同的扣率类型设置等，实现灵活调用。

库存管理中心

库存管理方面，提升库存管理的能力，设定好规则的模型，由潮宏基灵活设定，库存管理实现全大区库存预锁调用。

适配策略方面，O2O 订单产生后，根据建立的规则适配，确定适合的门店发货。

共享策略方面，珠宝行业的货品单价较高，一款爆品很难实现所有门店统一铺货，而为最大化增加销售机会，以销售为第一原则，把原来分散的库存归集在一起，除了售卖本店的货品，还可以查询全国的库存，大区库存通过预锁的机制调配使用，促成交易。

分配策略方面，根据门店的销售情况、规模大小等，设定不同的分配策略及优先级，实现便捷管理。

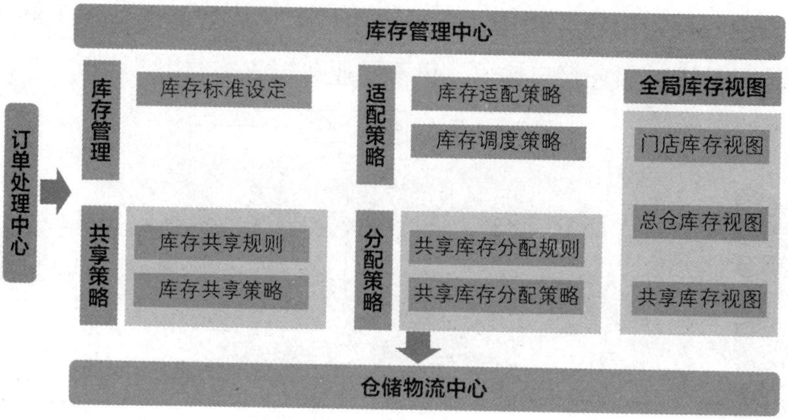

库存中心

仓储物流中心

货品入库到货品出库，订单业务流程、库存适配处理完毕后，由仓储物流中心完成配发货。仓库物流实现 9 大业务流程，涵盖全、进、销、存业务流程。

促销及价格中心

批发与零售的价格策略分别定义，实现全国统一定价，促销匹配，门店特价审批，适应销售终端价格处理；全面实现门店自行商场对接结算；改变了门店销售价格人为修改，促销活动制定、发布、执行不受系统控制，活动效果监控及数据收集不及时的现状。

实现双计量单位，比如黄金按克销售，体现克重和工费；非黄金按件销售。

会员管理中心

会员数据中心，会员的基本信息，属性、标签、消费记录、积分账户等；会员策略中心，等级、积分、升降、整合、抵现、兑换、生日等策略；与会员的互动和活动策划等，掌握会员的消费习惯，产生会员标

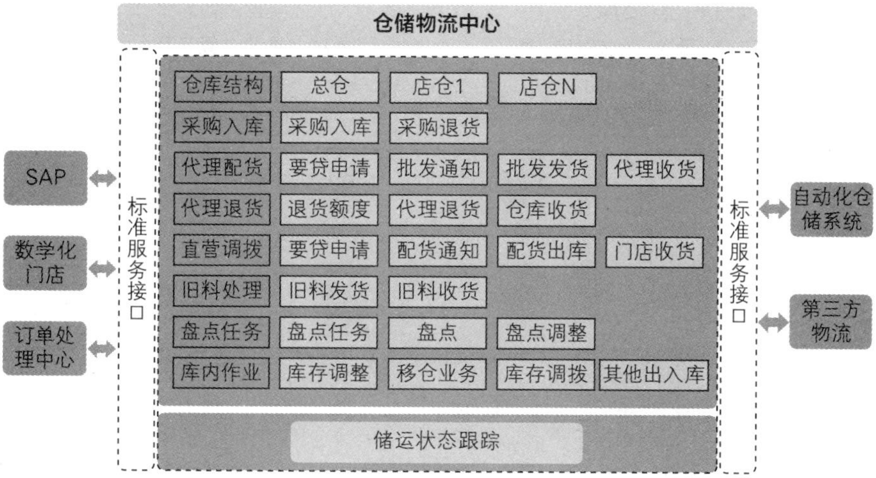

仓储物流中心

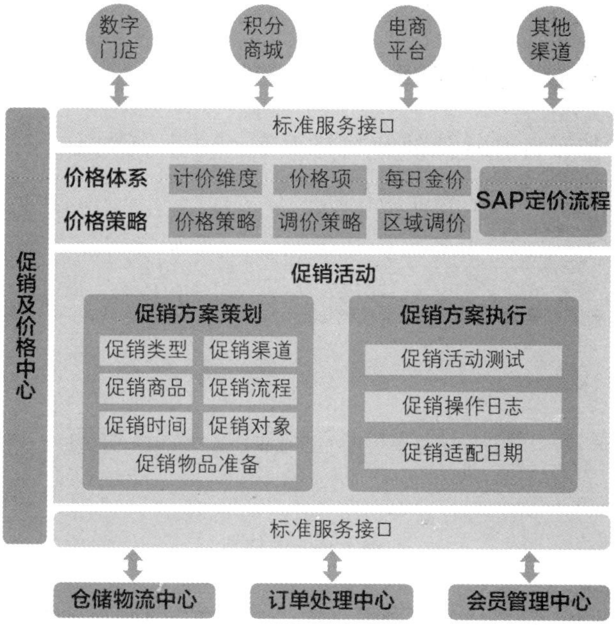

促销价格及中心

签，实现历史会员及会员权益迁移，门店会员实时对接、微信会员门户及与积分商城的对接，以便于更好地服务会员，提升消费者体验。

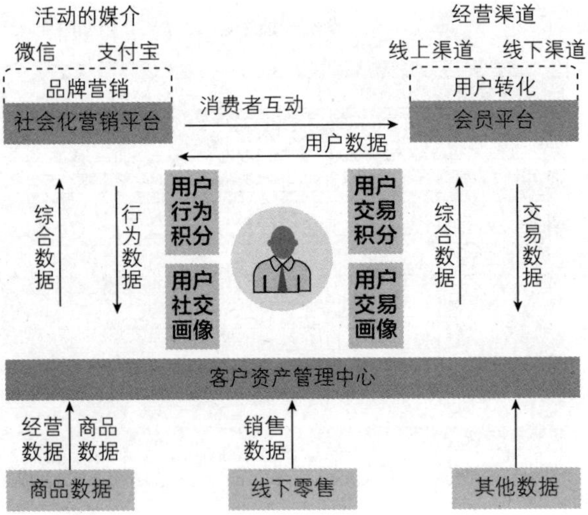

会员管理中心

6.2.4 潮宏基企业中台建设成果及意义

在潮宏基和百胜软件的共同努力下，历经一年时间，于 2018 年 4 月项目顺利上线。可见的成果包括：

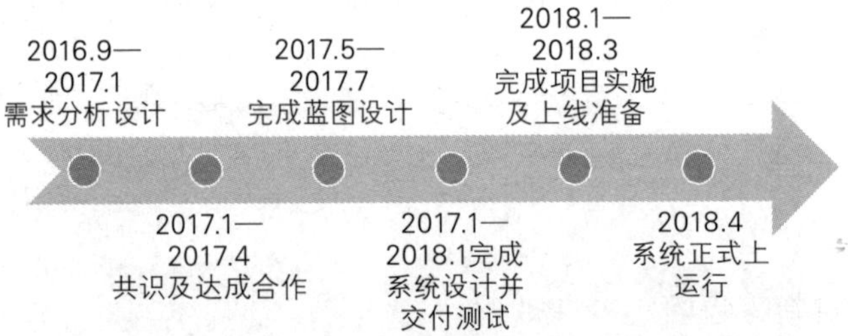

潮宏基实施计划

数字化门店整体上线，800 + 家自营 + 代理同步一次性切换上线；实现零售收银，服务定制，导购选款，库存管理，统计分析。

真正建立了以用户为中心、以订单为驱动的业务模式，实现全渠道资源共享。

实现全渠道的资源高度共享的同时，库存管理变得更加便捷、高效和自动化，以订单销售快速响应前端库存补给—智能配补货。

建立了更加多元化的定价体系、统一的定价管理机制和高度灵活的促销模式、价格管理体系。

会员管理大幅度的提升，形成更精准化的全域会员标签，统一视图，为会员的精准营销提供了精准的会员标签化识别体系。

实现精准实时的绩效评估体系，所有的业务轨迹都会变得实时、透明和高度可控；业务开展推进应用后，每个业务单元、每个渠道和门店的利润都有了明显的增长，数据信息清晰可见。

实现快速服务和调整变化能力。传统的“烟囱式”企业信息化系统需要互相连接、互相打通，导致接口众多，错综复杂的调用关系消耗大量的人工和时间，对硬件的要求也不断提升，导致企业的效率降低、成本却不断攀升。此次潮宏基的智能中台架构，百胜软件把分布式服务框架、注册管理、消息、事务等所有和纯技术相关的内容分装成底层技术，打造企业的互联网架构，采用中间件解决服务治理等复杂的业务逻辑。通过中台服务系统，打造快速的服务和调整变化的能力，进而通过中台对接所有前端应用，将来潮宏基如要建立独立的 APP、小程序、手机应用、第三方生态系统等，都可以快速实现，即“大中台，小前端”。

在对新零售转型和业务模式的变革上，潮宏基集团自上而下万众一心，从总裁到每个管理单元都在全力推动。潮宏基认为一定要变革，且全员参与创新的精神很强，基于这种新零售的理念才让潮宏基品牌快速实现全渠道业务。也正是因为其有胆略、有魄力地投入了巨大的资源、人力、物力去推动企业中台，才形成了现在这样创新的面向未来的智慧零售全渠道运营的解决方案。

6.3 林清轩——打造智慧零售时代“超级玩家”

当前时代环境下，顾客群体的消费趋势已然转变。80 后、90 后年轻客群成为都市新生代的主力，成为目前及未来很长一段时间内，零售行业追逐的主要客群。如何满足这一群体追求品质、个性化、更加注重个人感受的消费需求，成为现今零售企业面临的共同问题。

林清轩直营门店

林清轩，上海清轩生物科技有限公司品牌，致力于以中国传统草本为原材料，制作出安全的天然化妆品。运用红山茶的籽、花、叶等蕴含着具有神奇修复功效的天然成分，能快速渗透肌肤，修复皮肤，成为众多时尚女性、明星达人、美妆意见领袖随身携带的修复百搭油。

6.3.1 ALL IN 新零售

林清轩成立于 2003 年，在发展的历程中，见证了电商时代与移动端互联网时代的风潮，感受到了时代趋势对于企业发展的重要性。2016 年，新零售的概念首次被提出，林清轩敏锐地察觉到正在发生的时代变化与消费升级带来的零售新需求，率先吹响向新零售进军的号角，启动 ALL IN 新零售战略，正式踏上了新零售的转型之路。

林清轩 ALL IN 新零售全体动员大会

新零售离不开新技术，通过技术手段提升企业运营效率，进而提升消费体验。由此，林清轩找到了多年的合作伙伴——百胜软件，并于 2017 年 11 月 11 日试点智慧门店，在开始践行新零售的时候，林清轩就尝到了新零售的甜头，在两周的时间内粉丝数从 41 万增长到 120 万，实现了 14 天内粉丝数增长 80 万的新纪录，产品销量直线上升，这进一步坚定了林清轩的新零售之路。

践行新零售代表着要对企业的人、货、场进行重构，而这一点是传统的信息架构无法满足的。对于林清轩而言，需要一款能够满足未来零售业态的系统，对其新零售业务提供后台的支撑。也就是在这样的背景下，林清轩与百胜软件再次达成了合作，使用百胜 E3 + 全渠道中台进行系统的升级，进而实现业务的升级。

林清轩 & 百胜软件企业中台项目启动会现场合影

2018 年 1 月，林清轩 & 百胜软件全渠道中台项目启动会举行，标志着林清轩 ALL IN 新零售项目的正式启动，双方将携手同行，共创林清轩新零售全渠道企业中台。

6.3.2 百胜 E3 + 企业中台助力林清轩“战略启航”

林清轩在董事长孙来春的带领下，坚定地执行中台战略。从思想上，由孙来春挂帅自上而下地普及新零售概念及作用；在组织上，林清轩成立新零售运营部门，由上而下地执行新零售政策，助力企业业务升级；在系统上，采用百胜 E3 + 企业中台打造业务共享服务中心，沉淀业务数据，赋能前端需求，深化新零售实践。

在业务上：

①对企业的产品相关信息进行集中管理维护，在属性、价格、促销等方面可以灵活自定义，在企业不同发展阶段、不同业务场景下的不同需求可以灵活满足；

②对企业的产品营销方面，能够打通线上和线下，并灵活支撑各类

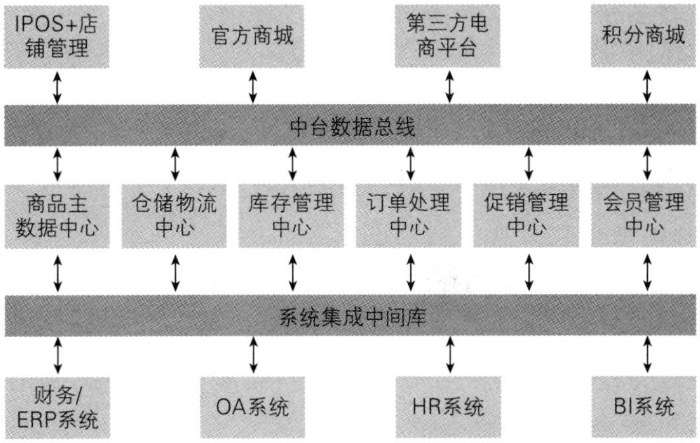

林清轩中台系统架构蓝图

促销形式；

③对企业的价格方面，进行分层管理，让企业可从多维度多方式进行管控，支撑企业在业务快速变化下，满足不同组织在不同阶段对价格管控的需要；

④强大的库存中心，整合企业所有的库存，改变传统库存割裂，且不能灵活调度库存的局面，通过库存共享和再分配的过程，提高库存的管理能力，实现库存的最大化销售；

⑤支撑全渠道订单处理的分单中心，通过聚合所有销售渠道的订单，并配合强大的分单策略，大大提升企业订单快速交易及履约的能力；

⑥适应新零售智慧门店多维度运营。

在技术上：

①采用微服务架构，可灵活支撑移动应用、WEB 应用等各种形态的应用；

②充分采用分布式架构，具备海量数据处理能力；

③高度开放、完备的标准 API，可以在系统不同层次做拓展，具备很好的系统集成能力；

④动态多语言包，标配简体中文、繁体中文，并且能够按需灵活适配其他语言。

在理念上：

①“大中台、小前端”的设计理念，中台具备强大的服务能力，支撑前端；

②让企业打造自己的中台，百胜软件从传统的软件供应商从软件上和企业完成新零售的共建，让企业把 IT 建设变成自我资产，实现企业自身的可持续发展。

6. 3. 3　打造新零售“指挥中心”

林清轩线下拥有 400 余家直营门店，线上拥有自有官网及天猫、小红书等平台，企业中台的打造，将林清轩所有线下门店及所有线上店铺的商品数据、库存数据、订单数据及会员数据等，都统一存储于中台，实现了对这些数据的统一运营管理。

具体而言，就是让线上线下库存的采购、调拨、销售业务以及订单的内部管理、策略管理等都集中于企业中台，犹如一个“指挥中心”，对林清轩的业务起着组织协调的关键作用，是企业的“智慧中枢”。

企业中台的构建，使林清轩可以通过一个系统就能清晰地了解到整个企业全部的库存以及订单等数据，当林清轩在进行配货、采购等行为时，就可以通过中台进行数据的抽取及相应的报表展现，便于林清轩进行更加科学的规划。

6. 3. 4　新零售的智慧运营

6. 3. 4. 1　林清轩新零售战果

2016 年阿里提出“新零售”概念以来，林清轩孙总就决定 AllIn 新零售，设置新零售总监岗位职能，并与技术团队、市场部、电商部和线下门店销售共同探讨，绘制新零售改革蓝图。

云栖大会上，林清轩创始人孙来春将中台比喻为“指挥中心”

2017 年 10 月 20 日，林清轩全面对接阿里智慧门店系统及菜鸟物流。只要消费者到店，导购便可引导他们在手机淘宝上关注林清轩品牌号，而这些粉丝都将被数字化处理，贴上标签，再通过各种线上推广方式进行精准营销，成为未来线上、线下渠道的潜在用户，为品牌带来更大价值，以达到某一顾客在林清轩的各个销售渠道消费，都能与相应导购进行强关联的目的。

林清轩智慧门店火爆销售场景

在去年双十一之前，林清轩在天猫的粉丝不过 41.3 万。就在去年双十一前夕，林清轩在百胜软件的帮助下，进行线上门店的全面智慧升级，开通会员码、品牌号，在双十一两周期间，粉丝猛增到 120 万，林

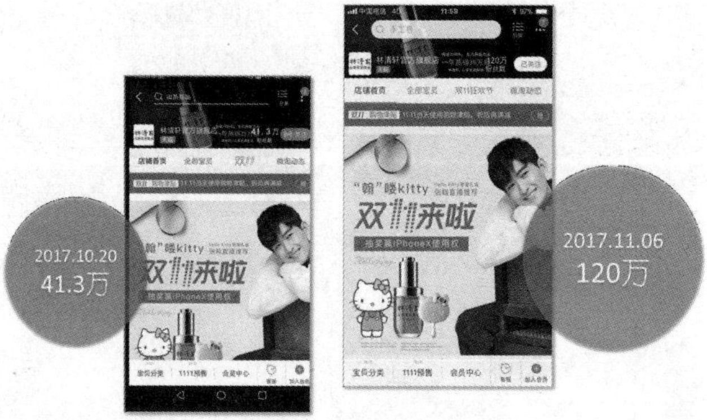

林清轩线上门店智慧升级

清轩一度被贴上“新零售网红企业”的标签。

品牌全新升级后的林清轩在 2018 年净增门店 100 家，并在一线及新兴一线城市开设 6. 0 版本新概念门店；同时，继 2017 年门店全新升级后，林清轩还将邀请中国台湾和日本两地的设计师团队对门店进行全新设计，向消费者呈现门店新貌。与此同时，林清轩在产品研发及外包装等方面也将持续进行升级。

2018 年，林清轩打通“钉钉 + 手淘”这一“王炸”组合，实现线上线下的互动营销，深度践行新零售，实现生产关系和生产力的重构，使线上线下握手言和，深化企业互联网式营销。

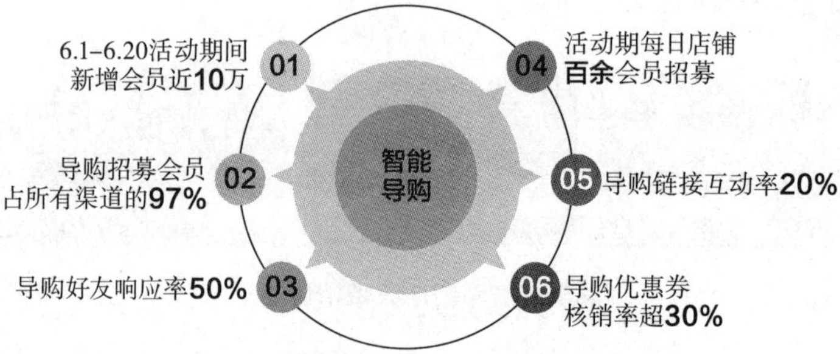

2018 年 618 林清轩新零售战果

2018 年 618 期间 ，林清轩 255 家线下门店参与智慧门店的运营，场外发放的优惠券核销率远远高于行业平均值，优惠券核销率达到 35.02%。

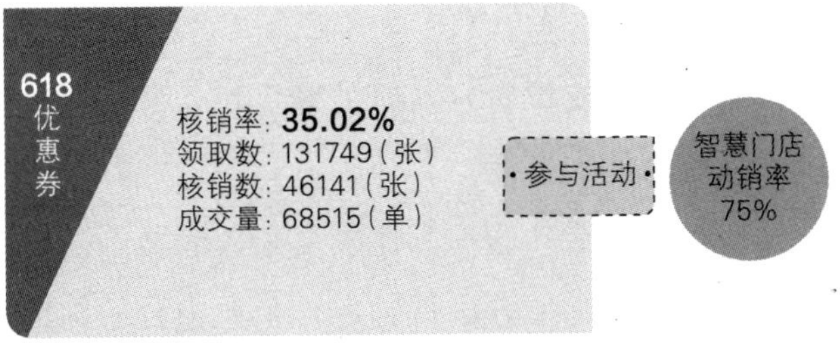

2018 年 618 林清轩智慧门店动销率战果

6.3.4.2 智慧零售 OT 运营

林清轩"情定七夕"营销活动

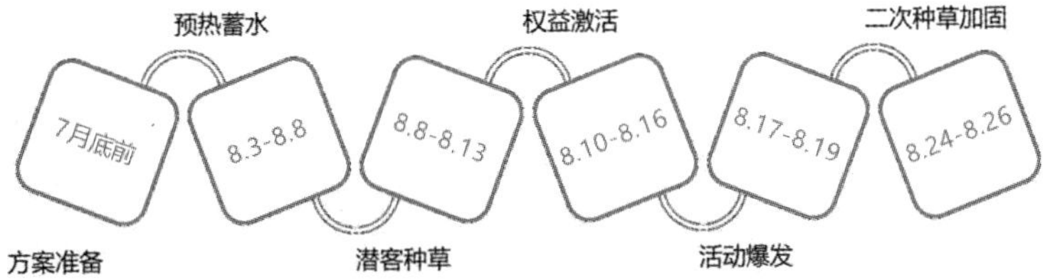

营销活动流程

情感维系种草：通过营销任务派发至试运营门店/导购，维护客户关系，维系客户情感，为销售做情感铺垫；

提升导购心智：使导购建立运用内容做情感维系的桥梁，培养好友关系的品牌心智；

线上内容种草：通过不同形式内容多渠道投放种草，实现品牌记忆植入，潜客数字化；

线上权益拔草：通过各渠道权益投放，消费者线上领取后至门店核销，实现离场、近场、到店的交易转化；

激励：通过智能导购的业绩排行，定时群公开战报以及公示奖励，提升全员积极性；

物料：线上线下通过各种方式营造七夕的甜蜜气氛，以增强七夕的节日氛围。

6.3.5 更多新零售的智慧玩法

企业中台的构建，支撑着林清轩的新零售业务，对林清轩的多种智慧玩法提供了强有力的支持。

首先，林清轩促销活动通常都比较复杂，满减、满赠、每满减每满赠等，且通常都需要跟优惠券进行绑定。企业中台的构建，满足了林清轩对这些复杂促销场景的设计。同时，还可做到线上优惠券在线下的核销，实现线上平台向线下门店的引流。

其次，配合会员管理系统的使用，对林清轩“离场导购”概念提供支撑。当门店导购在线下开拓了一个会员，那么这个会员无论在线下或线上消费，都可算作这个导购的业绩，这就相当于给每一个会员提供了一个专属导购，能够一对一地对会员进行服务。

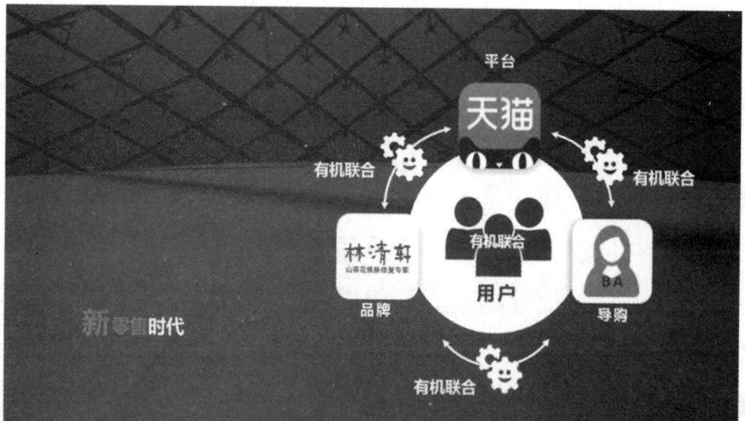

新零售时代，导购与品牌、平台间的有机联合

在瞬息万变的零售业中，满足顾客自由选择、货真价实、方便快捷的三大需求，是长久不变的事。新零售时代，我们需要以消费者为中心，这是零售业的本质，也是零售业转型升级的根本点。在林清轩的各种新玩法中，是消费者的体验升级，是给予消费者更好的服务。拿“离场导购”来说，导购线上线下利益的打通，无异于对导购服务意识

的自觉提升起到了积极的作用，一对一的服务形式更是极大地提升了消费者的消费体验，很好地满足了消费者尤其是 80 后、90 后年轻客群的需求。

6.3.6 实现新零售的林清轩，一年热销 35 万瓶

新零售是时代发展的必然，在新零售的道路上，林清轩取得了不错的成绩。继 2017 年试点智慧门店后，林清轩加速了新零售的步伐，快速将智慧门店扩展至其他门店。在今年的 618 中，通过新零售的智慧门店、快闪店、最美山茶花女神等营销手段，林清轩再获佳绩，业绩实现同比 3 倍的增长率，会员实现同比 30 倍的增长率。据中华人民共和国上海市徐汇公证书的数据显示，林清轩主打产品山茶花润肤油一年卖出 35 万瓶。林清轩，已成为时代的畅销星品。

这是新零售赋予林清轩的礼物，也是新零售赋予所有品牌企业的礼物。

百胜软件希望凭借自身技术的力量，赋能更多像林清轩这样的零售企业，在新时代的背景下，转型升级，加速成长，与企业共创共赢，迎接未来的零售业态。

6.4 百丽源——助力新零售形式下百丽源的高速发展

6.4.1 百丽源介绍

浙江百丽源实业有限公司又名杭州伊美源实业有限公司，是一家专注于时尚领域的女装企业，集设计、研发、生产、物流于一体，依托国际化的品牌经营理念、专业化的研发设计、规模化的生产物流、精英化的营销管理、信息化的管理技术，经过12年的运作，公司已发展成为多品牌运作的现代化女装企业，旗下拥有衣香丽影 Y. SING，KBNE 等多个品牌。

时尚女装品牌“衣香丽影”创始于2000年，诞生于美丽的西子湖畔，是目前国内知名的女装品牌，品牌从发展之初，就致力于为客户提供“时尚、自然、美丽”女装产品，获得了市场的不断认可。

长时间以来，公司秉承“踏实做人，认真做事，雷厉风行”的作风，传播服饰美学，在提升女性顾客及社会大众的审美之时，让人们以更美丽、更自信的形象面对生活。同时，百丽源公司更在不断传播生活美学，注重员工、顾客、客户、供应商，以及社会大众的生活幸福指数，通过学习、力行中国传统文化儒学经典《弟子规》、举办传统文化讲座，致力于构建和谐家庭、和谐企业，塑造员工阳光心态、阳光合作关系。同时，“见贤思齐，闻过则喜，修身齐家，爱国爱企”的企训已在公司取得普遍认同并初见成效。

衣香丽影形象展示

6.4.2 百丽源全渠道中台项目背景介绍

在消费需求不断升级，以及数字技术对零售基础设施的深度改造下，技术已经成为企业发展的核心驱动力，如何利用技术赋能新零售变革，加速数字化转型，同时将线上的便捷性和线下的可信性结合起来，是每个零售企业都面临的必然选择。

百丽源旗下品牌衣香丽影，自 2003 年以来采取连锁经营模式，通过大力发展线下渠道，并由线下渠道进行品牌市场扩张，峰值期门店数量达 2000 家左右，品牌经营模式以渠道批发为主，通过每年开展固定数量的订货会，由各个渠道通过订货会进行货品预定，百丽源进行生产以批发形式交给渠道进行具体针对 C 端的销售，2012 年左右，旗下衣香丽影品牌以代理经销模式扩展业务。

虽然 2010 年开始在线上经营淘宝店，同时在线下也开展了约 40 家的自营店，策划电商运营以及线下商圈旗舰店运营，但是从 2013、2014 年往后，在行业的发展趋势以及市场大背景的冲击下，衣香丽影品牌因大部分业务依赖于代理经销商，采取批发的形式以及对代理商的管控能力偏弱，导致衣香丽影在那一阶段进入了品牌寒冬期。

服装行业在2016年触底，2017年回暖，百丽源在这个阶段完成了对主品牌“衣香丽影”的全面改革，从品牌LOGO设计到品牌经营模式，采用了“Y. SING”的衣香丽影品牌形象，同时品牌定位以“简单，新鲜的时髦感”为开发宗旨，风格上以自然、优雅、简洁为主体，以“时尚、自然、美丽”为设计宗旨，将简约、清秀、品味融合在一起，将Y. SING的主力消费群体定位为25～40岁的都市白领女性。

在品牌销售模式上，从原先的代理经销模式变为直营、联营等类直营模式为主，大幅度在地闭街边店，采取入驻百货渠道、入驻具有运营能力的商场渠道体系，通过品牌销售模式的改革，百丽源重新出发，塑造新的品牌形象、新的渠道以及人群定位。

从整体消费行业看，品牌服装零售回升受益于整体消费回暖，居民的消费意愿和社会的消费能力大幅提升。服装行业在中产扩容、低线升级、新世代消费驱动下，望延续良好表现。在2018年服装行业延续复苏趋势下，百丽源的这两年改革取得成果。线上服装零售与门店业绩稳步提升，品牌门店扩张稳步进行。

百丽源从2012年开始和百胜合作，满足了百丽源早期以批发为主的业务诉求。随着品牌升级，品牌经营模式改革，原来的系统已经远远不能支撑百丽源的新零售时代的需求，针对品牌的类直营化管理模式，需要新的信息化系统来支撑。

为了紧跟行业复苏趋势，在整体消费回暖的红利下能够再上一层楼，同时信息化建设能够支撑未来的业务发展，百丽源对现有信息系统进行升级。此时信息化面临着两种方向，一个是选一个既能满足批发业务又能满足类直营业务模式的系统，另一个方向是基于市场新零售趋势找一个能满足未来的信息化系统。

品牌创始人祝余财总经理对信息化有着独到的见解，市场发展的未来，企业信息化会决定企业未来的发展速度，而百丽源未来要做一个信息化企业，通过数字化的业务能力赋能品牌运营，只有通过数字化才能对市场做出迅速反应、对业务做出精准反馈。服装行业是一个时尚行业，对市场的反应速度决定了企业的发展速度。而从整个市场发展变化上看，新零售时代已经到来，新的信息系统需要为新零售业务在百丽源的开展做好准备。同时本次信息化系统的创建要满足企业未来至少 5 年以上的信息化支撑。

本次信息化建设百丽源结合新零售前端业务需求，打造数字化企业的信息化建设，深化全渠道运营实践，在数字化转型的过程中，需要解决以下问题：

①如何实时、准确掌握库存状况，实现库存精准运营？

②如何通过全渠道，实现效率的提升和服务的改善？

③如何整合全渠道会员，实现会员的精准营销？

④如何消除多业务系统之间的信息孤岛，实现数据整合的智能化应用，加快企业数字化转型？

⑤平台型产品下，百丽源的信息化调整部分仍然依赖于软件厂商，百丽源希望在未来，信息化部门有能力针对个性化开发，具有自主开发能力。

在此背景下，百丽源专门成立信息化选型小组，选择市场上专业的服装行业软件厂商进行沟通，从对全渠道业务的理解、行业案例的讲解参观、软件公司的拜访、产品功能的演示等维度，对市场上的信息系统进行选型。

最终基于百胜深耕于零售行业多年的经验以及对百胜实力的信任，百丽源祝余财总经理选择百胜软件助力信息化建设升级。基于百胜 E3 + 企业中台，实现百丽源的全渠道运营管理体系建设，连接线上线下，实现全域数据整合，通过中台赋能，实现百丽源信息化建设升级，助力企业的腾飞。

6.4.3 百丽源集团信息化升级

6.4.3.1 重构企业货品库存体系

百丽源原有的供应链是典型的传统服装零售企业的供应链体系，由商品企划到订货会体制，再到经销商再到门店，最后由门店交由消费者。

而传统服装零售企业类似百丽源早期都是采取订货会形式，经销商下单采购，品牌商组织生产，最后配送给经销商再到门店。由于消费升级、气候不定和热点变迁等因素，企业供应链反应过慢，以致产生了库存。造成部分门店库存过剩、部分门店库存不够的现象。库存分布不合理，高库存高缺货并存，导致运营效率低下。而现有的企业供应链无法准确及时获取并匹配订单和库存等信息。

想要提高供应链的反应时间，库存后移用以协调供应链，减少经销商的库存用以减少中间环节。采取总仓+分仓，系统自动补货的方法整合库存，再集合前端订单信息，可以有效解决高库存高缺货现象。

新信息化系统下，通过搭建全局库存统一视图作为第一步，将全销售体系的库存进行统一信息收集以及分配，任意渠道都能看到全局的库存图，从而了解货品的实际情况，在缺货情况下，实时了解其他渠道的库存信息，满足销售要求。

6.4.3.2 全局会员数据管理

新零售的实质就是零售数据化，尽可能借助互联网、物联网、云计算、人工智能和大数据等技术实现零售的“线上+线下+物流”互联互通。

其中，四个目标是：经营思路要从以产品为中心转变为以用户为中心；而以用户为中心，首要的要求是品牌需要了解客户到底是谁，线上会员与线下会员身份的统一性，会员不仅是渠道的，更是品牌的。而现有的市场会员信息化建设，更多的是从单一渠道做会员的管理，比如微信端针对门店会员，天猫端针对天猫平台旗舰店会员，每个端有每个端的玩法。

因此百丽源未来要做新零售的市场运营方式，在会员这个维度，首要的就是做全局的会员数据管理，以会员手机号作为唯一身份识别标记，对每一个渠道的会员进行数据的整合，整合后再去进行新的零售具体玩法落地。

会员信息包括基本信息，姓名、电话、住址等以及订单、退单、商品等业务数据，对会员进行 360°画像。所以会员系统需要为线上线下渠道提供统一用户管理，包括统一注册通道、账户管理、基本信息用户清洗去重机制等；后期做数据共享，各个业务系统客户数据打通共享，对应的业务部门协同服务，让客户得到统一的消费体验与权益变现。

6.4.3.3 全渠道中台制胜

全渠道是指以实体门店、电子商务、移动互联网为核心，通过融合线上线下，实现商品、会员、交易、营销等数据的共融共通，为顾客提供无缝化体验。例如，会员通、商品通、订单通、结算通。

商品通，需要以商品中心的维度来管理未来所有前端消费者触点层的商品输出，所以针对每个商品以及百丽源可能衍生的商品维度、商品品类、行业特性都要有应对的解决方案。

订单通，未来消费者一定能够随时随地随心所欲地在购物渠道进行下单，同时基于客户对货品的获取想法，进行快速的交付。订单通过相应的规则体系，进行具体的执行策略以及具体的执行方法。

结算通，任意订单的参与主体包括所有货权方、下单引流方、平台运营方、会员归属方、交付服务方都应该从该订单获得相应的业绩提成，而这部分需要有相应的结算通路。

6.4.4 百丽源全渠道中台业务架构蓝图

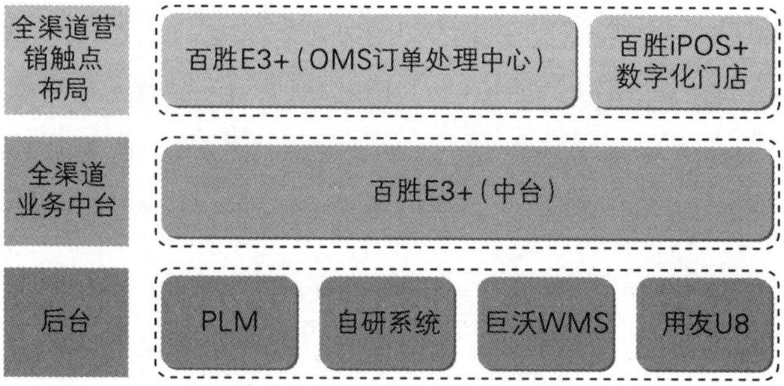

百丽源全渠道中台业务架构蓝图

百丽源的全渠道中台的业务蓝图分为三个部分，后端的供应链支撑层：包含仓储物流系统的建设、供应链管理、采购管理、财务管理等；由 E3 + 全渠道中台系统支撑起中台的全渠道业务管理中心和前端的全渠道营销触点层的业务中心；全渠道业务管理中心包括：商品、库存、订单、会员、结算、促销价格中心等十大中心，以支撑全渠道运营体系的建立；基于全渠道中台，构建全渠道营销触点层，包括：终端智慧门店、APP 商城、官方商城、第三方商城，以及会员中心，会员门户等，除了支持现有的业务模式外，基于全渠道中台以微服务架构构建的一个个业务中心，对于未来新的业务形态，也可基于中台快速接入，敏捷开发。

6.4.5 百丽源全渠道中台项目信息化建设价值

仅在项目第一阶段，百丽源就实现商品订单通路的流转，满足企业对于全渠道订单的管理。

门店库存全渠道共享、门店库存全渠道交易、总仓库存门店共享、门店订单门店发、门店订单总仓发、天猫订单门店发、天猫订单总仓发等全渠道场景。这些场景体系下，每个场景都有各自的订单路由规则，不同的下单方、订单收货城市未来的玩法也会不一样，这根线下渠道的复杂建设脱不了关系，而又因为线下渠道的复杂体系，这些全渠道订单又会基于不同的场景设有不同的结算规则，以及结算主体。

全渠道 to C 类订单体系下，又涉及分拆单、合并单、部分退、全退、换货、部分换等情况，每个情况又要基于每个商品明细进行具体的规则处理，以及不同比例的结算，百丽源体系通过中台的搭建实现全渠道实际落地应用。

鸣 谢

经过半年的努力，本书终于能够付诸出版，在此，谨以百胜智库的名义对所有参与者表示感谢，因为你们的辛苦付出，才有了这本鲜活的实战和案例集合，本书的出版，深刻感受到了团队的力量是巨大的，现对为本书有所贡献的你们一并致谢。

特别鸣谢本书的联合主笔：汪秋月、乔新锋，是你们无数个夜晚的挑灯夜战，才有此书的最后出版。

首先，感谢百胜智库的专家学者们：陈斌、陈艳、陈志勇、林俊、刘小平、潘淑真、潘平、孙来春、吴联银、王茁、肖红波、左敬东、赵勇、张晓海（以上排名按姓名首字母，不分先后）你们是新零售探索的领路人和最佳实践者，正是有了你们的勇敢前行和毫无保留的分享，才有了这么多有血有肉的案例，给读者最直观的体验。

其次，感谢百胜软件的技术及业务大牛们：宋庆磊、陈皓、梅佳承、秦栋、刘海刚是你们用通俗易懂的语言对企业中台的解构，让读者真正明白中台的含义和力量。

最后，感谢为本书出版的幕后英雄：崔嘉颖、郭乾莉、洪春英、蒋君梅、陆波、刘玲玲、濮朗秋、盛译伦、王海平、王紫妍、向非、胥子毅、燕丽霞、朱莉莉、周丝韵（以上排名按姓名首字母，不分先后）感谢你们对本书的出版给予的贡献和支持，最后才有这本给读者带来巨大帮助与启迪的书籍。

感谢你们！